HOUGHTON MIFFLIN HARCOURT

ESTÁNDARES COMUNES

Libro de lecturas para escribir
Grado 5

ISBN 978-0-544-23111-5

7 8 9 10 0607 22 21 20 19 18

4500695956   B C D E F G

¡Hazte un detective de la lectura!

¡Bienvenido a tu *Libro de lecturas para escribir*! Con este libro, te convertirás en un **detective de la lectura**. Buscarás pistas en cuentos y en selecciones de no ficción. Las pistas te ayudarán a:

- disfrutar de los cuentos,

- comprender los textos de no ficción,

- responder preguntas y

- ¡ser un gran lector!

Un detective de la lectura puede resolver el misterio de cualquier selección de lectura. ¡Ninguna selección es demasiado difícil! Un detective de la lectura **hace preguntas**. Un detective de la lectura **lee con atención**.

Hacer preguntas y leer con atención te ayudará a **encontrar pistas**. Luego,

- te detendrás

- pensarás y

- ¡escribirás!

¡Vamos a intentarlo! Sigue la pista . . .

El recuadro contiene el comienzo de un cuento. Lee con atención. Hazte preguntas:

▶ **¿De quién trata el cuento?**

▶ **¿Dónde y cuándo transcurre el cuento?**

▶ **¿Qué sucede?**

Busca pistas para responder a las preguntas.

> Logan estaba disfrutando de su paseo en bicicleta. Sentía la calidez del sol en la cara. Le llegaba el olor de la playa cercana. Oía a su papá tararear en la bicicleta de adelante. Hasta ese momento, Logan estaba teniendo un cumpleaños maravilloso.
>
> De repente, Logan se detuvo en seco.
>
> —¡Papá! —gritó—. ¡Mira eso!

Detente Piensa Escribe

¿Dónde y cuándo transcurre el cuento? ¿Cómo lo sabes?

_____

_____

¿Leíste con atención? ¿Buscaste pistas? ¿Las pistas te ayudaron a responder a las preguntas? Si lo hicieron, ¡ya eres un **detective de la lectura**!

Contenido

✓ VOCABULARIO CLAVE

entumecer
especialidad
interrumpir
penosamente
tambalearse

Diferentes tipos de escuelas

1 A lo largo del tiempo, muchas familias han hecho **penosos** esfuerzos para pagar una educación a sus hijos. Las familias lo tienen más fácil en aquellos países que tienen un sistema de educación pública.

Escribe una o varias palabras que tengan el mismo significado que penosos.

doloramente

2 Las escuelas unitarias eran muy comunes en el pasado. Tenían una única aula, calentada tan solo por un horno de leña. A los estudiantes se les quedaban **entumecidos** los dedos de los pies a causa del frío. Tenían que dar golpes con los pies contra el suelo para recuperar la sensibilidad en los dedos.

¿De qué manera se podría evitar que los pies se quedasen entumecidos?

cambiare adormecer
palarizar

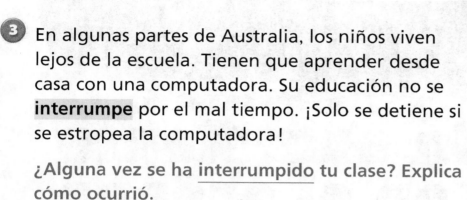

3 En algunas partes de Australia, los niños viven lejos de la escuela. Tienen que aprender desde casa con una computadora. Su educación no se **interrumpe** por el mal tiempo. ¡Solo se detiene si se estropea la computadora!

¿Alguna vez se ha <u>interrumpido</u> tu clase? Explica cómo ocurrió.

cuando algún en la

clase estaba hablando

4 Dinamarca tiene escuelas forestales. Allí, los estudiantes pasan el tiempo libre en el bosque. A veces, cuando el viento es muy fuerte, pueden ver cómo **se tambalean** los árboles.

Escribe un sinónimo de la palabra <u>tambalearse</u>.

tubear

5 Una escuela puede tener una **especialidad**, en lugar de enseñar muchas materias diferentes. Algunas escuelas enseñan oficios como el de reparador de autos. Otras enseñan carreras como Derecho.

¿Qué <u>especialidad</u> te gustaría aprender?

cientifico

Un estudiante en el océano

por Laurie Rozakis

Juan miró fijamente las cajas abiertas. ¿Cómo podía meter ahí cuatro meses de su vida? Sin embargo, tenía que hacerlo. Eso era todo lo que Mamá y Papá le dejaban llevarse.

—En los barcos no hay mucho espacio—, había dicho Mamá.

Los García no se iban de vacaciones. Mamá y Papá iban a ser maestros de la Escuela del Mar. Varios estudiantes de secundaria pasarían dos meses en el barco. Allí tomarían todas sus clases. Juan iba con sus padres.

Mamá y Papá estaban entusiasmados. A Juan la idea no le hacía nada de gracia.

Detente Piensa Escribe

ESTRUCTURA DEL CUENTO

¿Qué problema tiene Juan?

_____

_____

_____

_____

La familia se preparó durante semanas. Empaquetaron ropa, cámaras y libros.

Mamá y Papá pasaron horas preparando las lecciones. Papá era maestro de matemáticas. La **especialidad** de Mamá era la ciencia.

Juan se pasaba todo el tiempo quejándose.

—No soy un pez —decía—. Yo vivo en la tierra. ¿Por qué me destrozan la vida?

—Te encantará la Escuela del Mar —decía Mamá—. Ya verás lo bien que te lo pasas.

Juan **interrumpió** a Mamá antes de que esta pudiese seguir.

—Quiero ir a *mi* escuela. No quiero estar atrapado en un barco.

Detente Piensa Escribe

VOCABULARIO

Si llegases a ser maestro, ¿qué especialidad escogerías?

5

Finalmente, llegó el gran día. Los García llegaron al muelle. Juan **se tambaleaba** mientras arrastraba una maleta. De tanto agarrar el asa, se le estaban quedando los dedos **entumecidos**.

El barco era más grande de lo que Juan se había imaginado. Después de todo, hasta era posible que no volcase y se hundiese bajo una tormenta.

No iba a ser el único niño a bordo. Cerca de él había otro chico que parecía emocionado.

—Esos deben ser Ted Blake y sus padres—, dijo Papá.

—¿Ves? —dijo Mamá—. Tendrás amigos. Compartirás cabina con Ted.

Jack gruñó. Él quería a sus amigos "de tierra".

Detente Piensa Escribe

VOCABULARIO

¿Qué otra cosa puede provocar que alguien tenga los dedos <u>entumecidos</u>?

_____

_____

_____

Juan y Ted encontraron su camarote. ¡Era muy pequeño! Y los muebles eran extraños. Las camas estaban empotradas en las paredes. Las sillas estaban atornilladas al suelo.

—¿Significa esto que el barco podría volcarse? —preguntó Juan.

—No, es imposible —dijo Ted—. Los barcos grandes son muy estables.

La escuela empezó al día siguiente. Los hijos de los maestros tenían sus propias clases. Allí, Juan y Ted conocieron a Kim.

—Qué manera tan genial de ir a la escuela —dijo Kim—. Aquí, cuando estudiemos los delfines tendremos la oportunidad de verlos.

¿Delfines? A Juan le encantaban los delfines. Tal vez esta escuela del océano acabaría por gustarle.

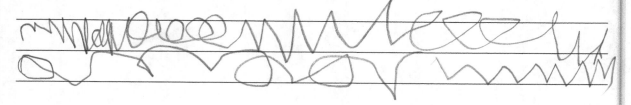

Detente   Piensa   Escribe

ESTRUCTURA DEL CUENTO

¿Cómo empiezan a cambiar los sentimientos de Juan en esta parte del relato?

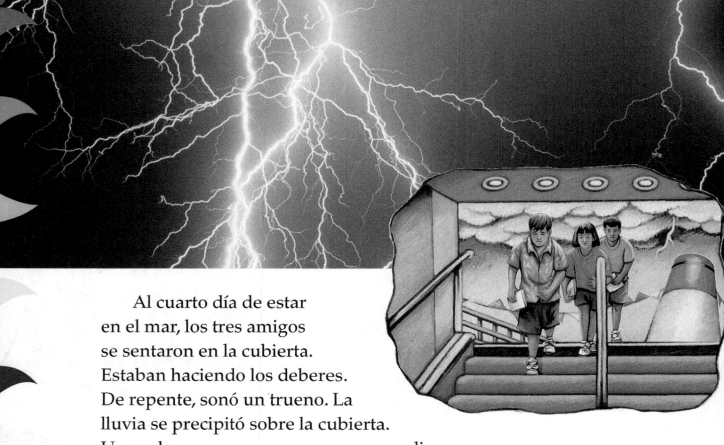

Al cuarto día de estar en el mar, los tres amigos se sentaron en la cubierta. Estaban haciendo los deberes. De repente, sonó un trueno. La lluvia se precipitó sobre la cubierta. Unas olas enormes empezaron a sacudir el barco. Los chicos hicieron **penosos** esfuerzos para mantener el equilibrio.

Al final consiguieron llegar a la cabina de Juan y Ted.

—¡Uau! —dijo Ted—. ¿Cómo es posible que se forme una tormenta tan rápido?

Juan sonrió. ¡Sabía la respuesta!

—Ha sido porque se han encontrado un frente cálido y un frente frío —dijo—. Salía en el mapa del tiempo que estudiamos antes.

—¡Genial! —dijo Kim—. Tenemos la oportunidad de vivir lo que estamos aprendiendo.

Detente   Piensa   Escribe

ESTRUCTURA DEL CUENTO

¿Por qué la tormenta es un acontecimiento importante en el relato?

_____

_____

_____

En pocas horas, el sol lo había secado todo. Los tres amigos volvieron afuera.

Mamá fue adonde estaban.

—¿Están preparados para la clase de ciencia? —preguntó.

—Nos hemos adelantado —dijo Ted—. Nuestra clase de ciencia empezó hace horas.

Por primera vez en muchas semanas, Juan tuvo ganas de reír, y lo hizo.

—Sí, Mamá —dijo—. Hoy hemos aprendido una o dos cosas sobre los mapas meteorológicos.

Mamá no dijo "te lo dije". No tenía necesidad de hacerlo. Juan ya se había dado cuenta de que estaba en una escuela muy buena.

Detente Piensa Escribe

ESTRUCTURA DEL CUENTO

¿Crees que Juan sigue teniendo el mismo problema que antes? Explica tu respuesta.

_____

_____

_____

La tienda más grande del mundo: ¡El océano!

El océano nos proporciona más cosas además de pescado. Las plantas marinas y los animales se utilizan para hacer medicinas, pasta de dientes, champú, fertilizante y helado.

Un lugar para vivir

Más de la mitad de la población mundial vive a menos de sesenta millas de algún océano. ¡Eso son más de 2,700 millones de personas! Casi la mitad de los estadounidenses vive cerca de la costa.

Datos sobre los océanos	
Área	El área de nuestros océanos es de 140 millones de millas cuadradas. Esto representa más de dos terceras partes de la superficie terrestre.
Punto más profundo	La Fosa de las Marianas, situada en el Pacífico Oeste, tiene más de cinco millas de profundidad.
Animal más grande	La ballena azul es el animal más grande de la Tierra. Es más grande que el mayor de los dinosaurios.

Detente Piensa Escribe

IDEA PRINCIPAL Y DETALLES

¿De qué manera estos hechos te ayudan a comprender mejor lo que significa ir a una escuela en un barco?

_____

_____

_____

Vuelve a leer y responde

1 ¿Cuál de los dos escenarios es más importante en el relato? ¿Por qué?

_____

_____

_____

Pista

Busca pistas en las páginas 4, 7, 8 y 9.

2 Al principio, ¿en qué se diferencian los sentimientos de Juan sobre la Escuela en el Mar de los sentimientos de Ted?

_____

_____

_____

Pista

Busca pistas en las páginas 4, 6 y 7.

3 ¿Cómo cambia la actitud de Juan durante el relato?

_____

_____

_____

Pista

Busca pistas en las páginas 5, 7 y 9.

4 ¿Qué es lo más importante que aprende Juan?

_____

_____

_____

Pista

Busca pistas en las páginas 7, 8 y 9.

¡Hazte un detective de la lectura!

Vuelve a

"Un paquete para la Sra. Jewls"
Libro del estudiante, págs. 21–31

1 Luis debe entregarle un paquete a la Sra. Jewls. ¿Qué hace que este problema sea más difícil aún?

☐ El patio del colegio está desordenado.

☐ El salón de la Sra. Jewls está en el piso treinta.

☐ No existe la Sra. Jewls.

¡Pruébalo! ¿Qué evidencia del cuento apoya tu respuesta?
Marca las casillas. ☑ Toma notas.

Evidencia	Notas
☐ lo que dice el narrador	
☐ las palabras y sentimientos de Luis	
☐ las ilustraciones	

¡Escríbelo!

ESTRUCTURA DEL CUENTO

Responde a la pregunta **1** usando evidencia del texto.

_____

_____

_____

_____

_____

_____

_____

11A

2 **Luis piensa que a los niños les encanta trabajar duro en la escuela. ¿Tiene razón?**

☐ sí ☐ no

☐ no hay forma de saberlo

¡Pruébalo! ¿Qué evidencia del cuento apoya tu respuesta? Marca las casillas. ☑ Toma notas

Evidencia	Notas
☑ lo que ocurre en el patio	
☐ lo que ocurre cuando Luis toca a la puerta	
☐ lo que ocurre cuando los niños ven la computadora	
☐	

¡Escríbelo!

COMPRENDER A LOS PERSONAJES

Responde a la pregunta ②usando evidencia del texto.

_____

_____

_____

_____

_____

_____

_____

11B

alzar
errar
incomodidad
honrado
interior

En escena

Marca la respuesta.

1 Si una obra de teatro se lleva a cabo dentro de una casa, entonces la obra se llevará a cabo en el _____ de la casa.

☐ **exterior**   ☐ **altillo**   ☐ **interior**

2 En algunas de sus obras, los actores de la compañía de Shakespeare fingían pelear uno contra otro sobre el escenario, a veces _____ espadas de mentira.

☐ **desperdiciando**   ☐ **alzando**   ☐ **removiendo**

3 El comité de drama _____ a la actriz con el premio a la Mejor Actriz de Rol Secundario.

☐ **honró**   ☐ **alzó**   ☐ **disciplinó**

4 El actor fingió gritar con gran dolor para mostrar la _____ del personaje.

☐ **interior**   ☐ **incomodidad**   ☐ **dicha**

5 Describe alguna vez que hayas sido <u>honrado</u> por un logro.

_____

_____

_____

6 ¿Cómo ayudarías a un amigo que siente una <u>incomodidad</u> en el estómago?

_____

_____

_____

7 Un amigo siente que <u>erró</u> con una tarea de la escuela. ¿Qué le dirías a tu amigo para hacerlo sentir mejor?

_____

_____

_____

Los fanáticos de los *Twins*

— POR JUSTIN SHIPLEY

Dos mejores amigos, Jamie y Kyle, se dirigen al Mundial de las Ligas Menores para ver a su equipo favorito, los Twins de Topeka, jugar el partido final por el campeonato.

Personajes: Jamie, Sra. Thompson, Kyle, boletero, entrenador, Chase Conway

Escena I

*Escenario: El **interior** del auto de la Sra. Thompson.*

Jamie: ¡Gracias por traernos al Mundial de las Ligas Menores, Sra. Thompson!

Sra. Thompson: ¡No hay problema, Jamie! Sé lo que el baloncesto significa para ti y Kyle!

Kyle: ¡Mamá, por favor! ¡Me estás avergonzando! El Mundial de las Ligas Menores no es baloncesto.

Detente Piensa Escribe

VOCABULARIO

Si el escenario es el <u>interior</u> del coche de la Sra. Thompson, ¿dónde se desarrolla esa escena?

_____

_____

_____

Jamie: Los *Twins* de Topeka son nuestro equipo favorito de béisbol, y ¡Kyle se parece mucho a su lanzador estrella, Chase Conway! *(riéndose de Kyle)* Si tan solo pudieras lanzar como él...

Kyle: Es una pena que Chase esté lesionado. ¡Me hubiese encantado verlo jugar!

(El auto se detiene delante del estadio de béisbol).

Sra. Thompson: No me gustaría que después de llegar hasta aquí se perdieran el juego. ¿Tienen sus entradas?

Kyle: ¡Por supuesto que tenemos las entradas! Voy a dejar mi chaqueta en el auto. No parece que vaya a llover hoy.

(Kyle deja su chaqueta dentro del auto y cierra la puerta).

Jamie: Vamos, Chase. ¡Es hora de tu gran juego!

Detente   Piensa   Escribe

PREDECIR

¿Jugará Chase hoy? ¿Por qué sí o por qué no?

_____

_____

_____

Escena II

(Unos momentos después, Jamie y Kyle se acercan a la boletería).

Boletero: Entradas, por favor.

Kyle: Jamie, dale nuestras entradas.

Jamie: *(Mirando a Kyle con sorpresa)* Yo te oí decir que tú las tenías.

Kyle: ¡Oh, no! ¡Las dejé en mi chaqueta de lluvia! ¡Dentro del auto!

Boletero: Lo lamento, niños. No podré dejarlos pasar. Las entradas están agotadas.

(Los niños, desalentados, se apartan de la fila).

Kyle: Lo lamento tanto, Jamie. No puedo creer que erré en la tarea de traer las entradas.

Jamie: Veamos si alguien tiene una entrada de más.

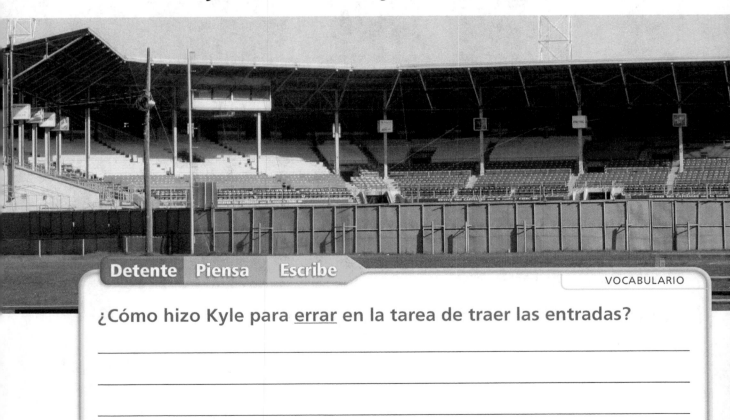

Detente   Piensa   Escribe

VOCABULARIO

¿Cómo hizo Kyle para <u>errar</u> en la tarea de traer las entradas?

_____

_____

_____

(Kyle y Jamie dan vueltas alrededor del estadio buscando una entrada extra, sin tener suerte.)

Kyle: ¡Oh, rayos! Nos vamos a perder el juego.

(El entrenador de los Twins de Topeka sale desde el interior del estadio y saluda a Kyle con la mano.)

Entrenador: ¡Chase! ¡Por aquí!

Jamie: ¿Mm…? Él no es… *(Kyle le tapa la boca a Jamie y se da vuelta.)*

Kyle: ¡Él piensa que soy Chase Conway! Si finjo ser Chase, ¡lograremos ver el juego!

Jamie: Pero eso sería mentir. Y tú no puedes lanzar como Chase.

Kyle: No tengo por qué lanzar como Chase. Él está lesionado, ¿recuerdas? Solo sígueme. *(dirigiéndose al entrenador)* ¡Sí, soy yo, Chase! ¡Ya voy!

Detente   Piensa   Escribe

TEMA

Jamie parece preocupado por el plan de Kyle. ¿Por qué podría estar preocupado?

_____

_____

_____

17

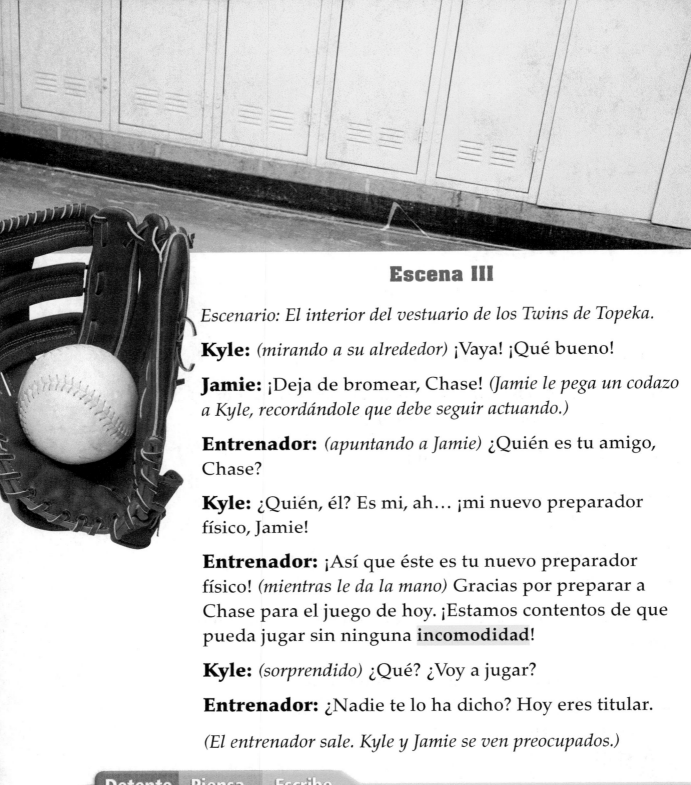

Escena III

Escenario: El interior del vestuario de los Twins de Topeka.

Kyle: *(mirando a su alrededor)* ¡Vaya! ¡Qué bueno!

Jamie: ¡Deja de bromear, Chase! *(Jamie le pega un codazo a Kyle, recordándole que debe seguir actuando.)*

Entrenador: *(apuntando a Jamie)* ¿Quién es tu amigo, Chase?

Kyle: ¿Quién, él? Es mi, ah… ¡mi nuevo preparador físico, Jamie!

Entrenador: ¡Así que éste es tu nuevo preparador físico! *(mientras le da la mano)* Gracias por preparar a Chase para el juego de hoy. ¡Estamos contentos de que pueda jugar sin ninguna **incomodidad**!

Kyle: *(sorprendido)* ¿Qué? ¿Voy a jugar?

Entrenador: ¿Nadie te lo ha dicho? Hoy eres titular.

(El entrenador sale. Kyle y Jamie se ven preocupados.)

Detente Piensa Escribe

CAUSA Y EFECTO

¿Por qué Kyle y Jamie se ven preocupados?

_____

_____

_____

Kyle: Jamie, no puedo jugar como Chase.

Jamie: Supongo que deberás decirle la verdad.

Kyle: Pero ya he mentido. Y no vamos a poder ver el juego.

(El entrenador regresa.)

Entrenador: Bueno, Chase, ¿listo para jugar?

Kyle: Eh… entrenador, yo no soy Chase Conway.

Entrenador: Vamos, Chase. Deja de bromear.

Kyle: No, en serio, no soy Chase. Simplemente me parezco a él.

Entrenador: ¿Qué? ¿Tú no eres Chase? ¿Quién eres?

Kyle: Pensamos que si usted creía que yo era Chase, nos dejaría ver el juego.

Detente Piensa Escribe

CARACTERÍSTICAS DEL TEXTO Y DE LOS ELEMENTOS GRÁFICOS

¿Dónde ocurre la Escena III?

_____

_____

_____

Entrenador: Ya veo. Bueno, niños, temo que tendré que pedirles que se retiren.

Chase: Eso no será necesario.

(Los tres se dan vuelta para ver entrar a Chase.)

Kyle & Jamie: ¡Chase Conway!

Entrenador: Chase, uno de estos niños trató de hacerse pasar por ti.

Chase: Entonces deben ser muy grandes admiradores. Por otro lado, hay que tener coraje para decir la verdad. Estaría **honrado** si ellos se sientan en el sector privado de mis admiradores.

*(Chase extiende las manos, **alzando** dos entradas.)*

Kyle & Jamie: ¡Gracias, Chase!

Chase: *(dirigiéndose a Kyle)* Digo, realmente nos parecemos. ¿Estás seguro que no quieres jugar por mí hoy?

Kyle: *(sonriendo)* No, gracias. Creo que solo seré Kyle.

Detente   Piensa   Escribe

TEMA

¿Qué crees que aprendió Kyle al decir la verdad?

_____

_____

_____

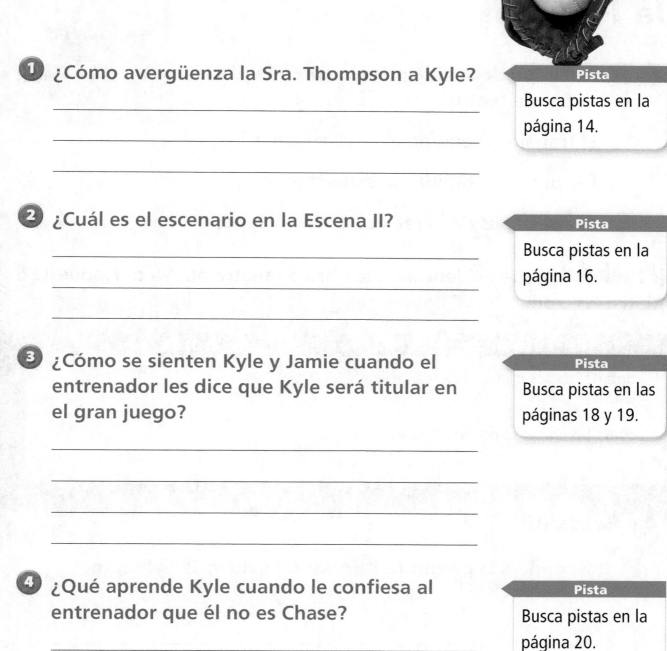

Vuelve a leer y responde

1 ¿Cómo avergüenza la Sra. Thompson a Kyle?

_____

_____

_____

Pista

Busca pistas en la página 14.

2 ¿Cuál es el escenario en la Escena II?

_____

_____

_____

Pista

Busca pistas en la página 16.

3 ¿Cómo se sienten Kyle y Jamie cuando el entrenador les dice que Kyle será titular en el gran juego?

_____

_____

_____

_____

Pista

Busca pistas en las páginas 18 y 19.

4 ¿Qué aprende Kyle cuando le confiesa al entrenador que él no es Chase?

_____

_____

_____

_____

Pista

Busca pistas en la página 20.

¡Hazte un detective de la lectura!

"Un misterio real"
Libro del estudiante,
págs. 49–61

1 **¿Qué lección de la vida puedes aprender de esta obra de teatro?**

☐ El trabajo en equipo es la clave del éxito.

☐ Las personas tímidas se esfuerzan más.

☐ Las personas de la realeza tendrán éxito.

¡Pruébalo! ¿Qué evidencia en la obra de teatro apoya tu respuesta? Marca las casillas. ☑ Toma notas.

Evidencia	Notas
☐ detalles de los puntos fuertes de las chicas	
☐ cómo las chicas se hacen exitosas	
☐	

¡Escríbelo!

TEMA

Responde a la pregunta **1** usando evidencia del texto.

_____

_____

_____

_____

_____

_____

_____

2 **Al final de la obra nos enteramos que Rena es una princesa. ¿Qué pistas de la obra ayudan al lector a descubrir este final?**

☐ cómo se ve Rena en las ilustraciones

☐ la forma en que habla y actúa Rena

☐ otras _____

¡Pruébalo! ¿Qué evidencia de la obra apoya tu respuesta? Marca las casillas. ☑ Toma notas.

Evidencia	Notas
☐ ilustraciones de Rena	
☐ detalles sobre las pertenencias de Rena	
☐ la imagen de la página 59	

¡Escríbelo!

CARACTERÍSTICAS DEL TEXTO Y DE LOS ELEMENTOS GRÁFICOS

Responde a la pregunta 2 usando evidencia del texto.

_____

_____

_____

_____

_____

_____

_____

captar

podio

debate

dudar

mirar

Una decisión escolar

Joan y yo nos presentamos a la presidencia del consejo escolar. Antes de las elecciones, tuvimos una asamblea. Joan y yo tuvimos que responder preguntas porque se trataba de un

1 _____.

Los estudiantes nos hicieron preguntas, y yo respondí rápidamente y sin equivocarme.

No **2** _____ en ningún

momento.

22

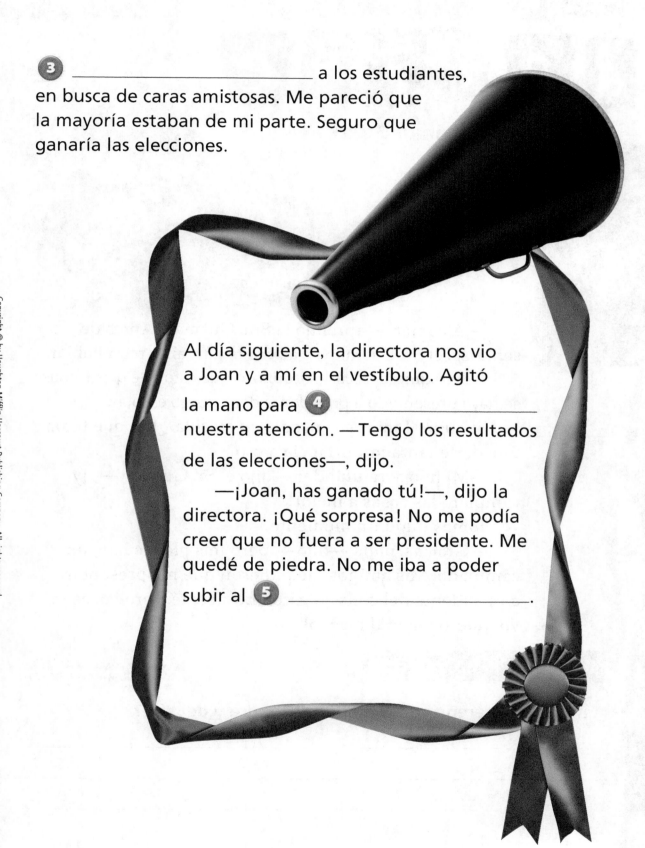

3 _____ a los estudiantes, en busca de caras amistosas. Me pareció que la mayoría estaban de mi parte. Seguro que ganaría las elecciones.

Al día siguiente, la directora nos vio a Joan y a mí en el vestíbulo. Agitó la mano para **4** _____ nuestra atención. —Tengo los resultados de las elecciones—, dijo.

—¡Joan, has ganado tú!—, dijo la directora. ¡Qué sorpresa! No me podía creer que no fuera a ser presidente. Me quedé de piedra. No me iba a poder subir al **5** _____.

Tomás decide

por Duncan Searl

—¡A comer! —apremió la Sra. Guzmán. Antes de sentarse, el Sr. Guzmán se aclaró la garganta para hablar.

—Solo quiero decir lo orgulloso que estoy de que Tomás se haya presentado a presidente del consejo escolar.

El pobre Tomás se encogió en su silla. ¿Por qué tenía que darle tanta importancia a eso?

—Mi hijo será un líder —dijo el Sr. Guzmán—, ¡y cambiará las cosas a mejor!

Tomás **dudó** un momento.

—Gracias, papá —dijo—, pero mis planes han, um, cambiado. Mis amigos me pidieron que me presentara a presidente del consejo escolar, y acepté. Pero yo, eeeh, yo quiero jugar al béisbol.

Detente Piensa Escribe

COMPARAR Y CONTRASTAR

¿En qué se diferencian los planes del padre y del hijo?

_____

_____

_____

24

La cara del Sr. Guzmán estaba blanca. Parecía asustado por la noticia.

—¿Jugar al béisbol? —preguntó con una sonrisa triste. Tomás se apresuró a explicar.

—¡Eso es! Los Raiders tienen una oportunidad de ganar el campeonato y subir al **podio**—dijo—. Para conseguirlo, ¡el equipo me necesita al cien por cien!

—¿No puedes hacer las dos cosas, Tomás? —preguntó la Sra. Guzmán.

—La verdad es que no, mamá. Para ganar un puesto en el consejo escolar tendría que dar dos discursos y participar en un **debate**. Tengo que hacer carteles y hablar con la gente. Y todo después de la escuela. Así que a veces me perdería los entrenamientos, o incluso algún partido. Además, el consejo escolar nunca hace nada importante.

El resto de la comida discurrió en silencio. Tomás no apartó la vista de su plato.

Detente **Piensa** **Escribe**

VOCABULARIO

¿Por qué el Sr. Guzman parece asustado por lo que dice Tomás? ¿Quién tiene posibilidad de subir al podio?

_____

_____

_____

A la mañana siguiente, Tomás se levantó. Le pesaba la cabeza. Todavía tenía grabadas las miradas de sus padres.

—Oye, Tomás —le llamó Gregory—. Tengo algunas ideas para los carteles de tu campaña para el consejo escolar—. Sacó unos bocetos de su cartera.

Tomás **miró** los dibujos.

—Son buenos —dijo—. Por cierto, Greg, ¿alguna vez has pensado en presentarte para el consejo escolar?

—¿Yo? —se rió Greg—. No, yo no soy un líder nato como tú. La gente te admira, Tomás. Realmente podrías conseguir que se hiciesen muchas cosas.

—Ya hablaremos más tarde, Greg —dijo Tomás tomando los bocetos. No tuvo el valor de decirle a su amigo que había cambiado de planes.

Detente Piensa Escribe

COMPRENDER A LOS PERSONAJES

¿En qué cree Greg que es diferente de Tomás?

_____

_____

_____

Aquella tarde, la clase de Tomás fue a visitar el
Golden Greens. La clase ya había estado en la residencia
de ancianos dos veces. Los estudiantes iban a hablar con
los mayores, jugaban a juegos y aprendían de primera
mano cosas sobre el pasado.

En la sala de estar, un hombre alto y delgado captó
la atención de Tomás.

—¡Eh, Sr. Guzmán! Ven aquí y siéntate un rato—. Era
el Sr. Jeffers, el hombre con el que había jugado a damas
la última vez.

—Hola, Sr. Jeffers —dijo Tomás.

El Sr. Jeffers sonrió.

—Llámame Pelota Rápida.

—¿Por qué Pelota Rápida? —preguntó Tomás.

—Bueno, ahora ya no puedo caminar, ¿sabes?, pero
en los viejos tiempos yo fui lanzador de pelotas rápidas.

—¿De las Grandes Ligas? —preguntó esperanzado
Tomás.

Detente Piensa Escribe

¿Por qué crees que el Sr. Jeffers captó la atención de Tomás?

_____

_____

_____

El Sr. Jeffers sonrió.

—En los años 30 y 40, las Ligas Negras eran tan grandes como los hombres que jugaban en ellas. ¡Y yo eliminé a los mejores bateadores!

Tomás nunca había oído hablar de las Ligas Negras. Así que el Sr. Jeffers le enseñó una fotografía.

—En mis tiempos —dijo el Sr. Jeffers—, los blancos y los afroamericanos no podían jugar juntos. No era justo, pero así eran las cosas.

—Hoy todo eso ha cambiado —dijo Tomás.

—Desde luego que sí —reconoció el Sr. Jeffers—, pero solo porque algunas personas se preocuparon de que esto cambiase. Cambiaron las normas y las leyes, y las cosas mejoraron.

Tomás no contestó. Estaba pensativo.

Detente **Piensa** **Escribe**

COMPARAR Y CONTRASTAR

¿Cómo cambiaron las Grandes Ligas de béisbol después de la década de 1940?

_____

_____

_____

El Sr. Jeffers rompió el silencio.

—¿Eres jugador de béisbol, Tomás?

—Parador en corto. Nuestro equipo podría ganar el campeonato.

—Tienes ganas de conseguirlo, ¿verdad?

Tomás le soltó todo lo que sentía. Le contó al Sr. Jeffers su dilema.

—Ganar partidos de béisbol está bien —dijo el Sr. Jeffers—. Sin embargo, mejorar una situación puede hacer que todo sea diferente. Yo lo sé por experiencia.

—Gracias, Pelota Rápida —dijo Tomás—. Supongo que tendré que tomar una decisión.

Detente   Piensa   Escribe

COMPRENDER A LOS PERSONAJES

¿Por qué Tomás no está seguro de querer jugar el campeonato?

_____

_____

_____

29

Caminando de vuelta al colegio, Tomás se acercó a Greg.

—He estado pensando en tus bocetos —dijo Tomás—. ¿Me ayudarás a hacer esos carteles?

—Claro —dijo Greg—. Por cierto, ¿tienes alguna idea para tu discurso?

—Todos sabemos que nuestra escuela podría ser mucho mejor —dijo Tomás—. Convoquemos a nuestros amigos a una reunión después del colegio. Quiero que todos hagan sugerencias. ¡Debemos escoger las ideas que realmente hagan cambiar las cosas!

—¿No tienes entrenamiento de béisbol?

—Supongo que me lo tendré que perder —dijo Tomás—. Después de todo, esto es más importante.

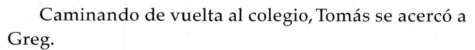

Detente   Piensa   Escribe

COMPARAR Y CONTRASTAR

¿Cómo ha cambiado la opinión de Tomás?

_____

_____

_____

Vuelve a leer y responde

1 ¿Qué decisión tiene que tomar Tomás?

_____

_____

_____

Pista

Mira en las páginas 24 y 25.

2 ¿De qué manera el Sr. Jeffers ayuda a Tomás a tomar una decisión?

_____

_____

_____

Pista

Busca una pista en la página 28.

3 ¿Cómo cambia Tomás durante la historia?

_____

_____

_____

Pista

Busca pistas en las páginas 24 y 30.

4 ¿Crees que Tomás toma la decisión correcta? ¿Por qué?

_____

_____

_____

Pista

Tus respuestas a las preguntas 2 y 3 te ayudarán.

¡Hazte un detective de la lectura!

Vuelve a

"Elecciones escolares"
Libro del estudiante,
págs. 85–97

1 **¿Cuál es la diferencia principal entre las ideas de Miata y las de Rudy?**

☐ Las ideas de Miata les gustan a las niñas; las de Rudy les gustan a los niños.

☐ Las ideas de Miata son útiles; las de Rudy son divertidas.

☐ Miata tiene una idea; Rudy tiene varias.

¡Pruébalo! ¿Qué evidencia del cuento apoya tu respuesta? Marca las casillas. ☑ Toma notas.

Evidencia	Notas
☐ las ideas de Miata	
☐ las ideas de Rudy	
☐ cómo los estudiantes reaccionan a las ideas	
☐	

¡Escríbelo!

COMPARAR Y CONTRASTAR

Responde a la pregunta **1** usando evidencia del texto.

_____

_____

_____

_____

_____

31A _____

2 **¿Qué oración describe mejor al padre de Miata?**

☐ Es muy competitivo y quiere que Miata gane.

☑ Trabaja duro y es muy serio.

☐ Quiere que Miata haga cosas buenas, gane o no.

☐ otras _____

¡Pruébalo! ¿Qué evidencia del cuento apoya tu respuesta?
Marca las casillas. ☑ Toma notas

Evidencia	Notas
☑ lo que Miata dice y hace	
☐ lo que el padre de Miata dice y hace	
☐	

¡Escríbelo!

COMPRENDER A LOS PERSONAJES

Responde a la pregunta **2** **usando evidencia del texto.**

_____

_____

_____

_____

_____

_____

_____

31B

competencia
dominar
elemento
intimidado
número

Trabajo en equipo

1 Cuando entras a formar parte de un equipo, lo más probable es que no seas el mejor en todo. No debes sentirte **intimidado** por los compañeros que llevan ahí más tiempo. Ellos también tuvieron que empezar de cero como tú.

Habla sobre alguna ocasión en que te sintieses intimidado.

_____

_____

_____

2 Recuerda: no debes entrar en **competencia** con tus compañeros. Deben trabajar todos juntos para que el equipo dé lo mejor de sí mismo.

Indica dos marcas comerciales entre las que haya competencia.

_____

_____

_____

3 Como equipo, tendrán que practicar juntos cada semana. Por ejemplo, si estás en un grupo de música, tendrán que ensayar su **número** hasta que les salga perfecto.

Describe algún <u>número</u> musical que hayas visto.

_____

_____

_____

4 La práctica es un **elemento** importantísimo para el éxito de un equipo. Pero no practiquen demasiado, o estarán agotados el día de la actuación o del juego.

Indica otro <u>elemento</u> importante para el éxito de un equipo.

_____

_____

_____

5 Una vez hayas **dominado** tus habilidades, ¡ya podrás decir de verdad que formas parte del equipo!

¿Qué habilidades <u>dominan</u> los acróbatas?

_____

_____

_____

Las estrellas estrelladas
por Selena Rodo

—No me convencerás de que lo haga —le dije a mi mamá mirando por la ventana para ocultar cómo me sentía.

—Selena, cantas muy bien. Me entristecería que malgastases tu talento —dijo ella.

—Entonces, ¿te gusta cómo cacareo? —dije yo, frunciendo el ceño.

—¡Tú cantas! ¡No cacareas! —La respuesta de Mamá fue rápida—. Cariño, al menos piénsatelo antes de decir que no.

—Lo consultaré con la almohada —dije. La verdad es que me sentía **intimidada** ante la posibilidad de unirme a un grupo tan conocido.

Detente Piensa Escribe

VOCABULARIO

Escribe un sinónimo de la palabra <u>intimidada</u>.

_____

El Orfeón de la Ciudad era el mejor escaparate para cantantes de la zona. Eran todo chicos, pero ahora iban a permitir que entrasen chicas en el grupo. Ayer el Sr. Willow nos pidió a Inés, Yolanda y a mí que nos uniéramos. Dijo que quería que las voces femeninas fueran un **elemento** del espectáculo.

Al principio dije que no. Me parecía que su estilo no me pegaba. El Orfeón de la Ciudad suele cantar notas graves con un ritmo lento. Y lo que a mí se me da mejor es cantar notas agudas con un ritmo rápido. No creía que mi forma de cantar encajara en absoluto con la suya. Además, probablemente habría fans que no estarían contentos de ver a chicas en el grupo.

Detente **Piensa** **Escribe**

INFERIR Y PREDECIR

¿Por qué a algunos fans podría disgustarles que hubiese chicas en el grupo?

_____

_____

_____

A la mañana siguiente, miré por mi ventana. Las últimas nieves del invierno se habían derretido. Habían empezado a crecer brotes verdes en los árboles. ¡Quizás había llegado el momento de que yo también empezara a crecer!

—Mamá, voy a cantar en Orfeón —dije—. Creo que al menos tengo que darme una oportunidad.

Mamá esbozó una amplia sonrisa.

—Bien hecho, Selena. Sé que puedes hacerlo.

Más tarde, en clase, el Sr. Willow explicó que el Orfeón de la Ciudad ahora se llamaría Las Estrellas de la Ciudad. Estábamos encantadas de formar parte de la nueva agrupación.

Detente   Piensa   Escribe

CAUSA Y EFECTO

¿Qué es lo que hace que la protagonista decida intentar cantar en el Orfeón de la Ciudad?

_____

_____

_____

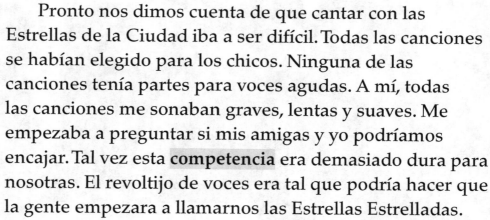

Pronto nos dimos cuenta de que cantar con las Estrellas de la Ciudad iba a ser difícil. Todas las canciones se habían elegido para los chicos. Ninguna de las canciones tenía partes para voces agudas. A mí, todas las canciones me sonaban graves, lentas y suaves. Me empezaba a preguntar si mis amigas y yo podríamos encajar. Tal vez esta **competencia** era demasiado dura para nosotras. El revoltijo de voces era tal que podría hacer que la gente empezara a llamarnos las Estrellas Estrelladas.

—Creo que esto es un error —le dije a Papá después de la escuela—. En sus canciones no hay partes para nuestras voces agudas. Cuando cantamos todos juntos, ¡suena horrible!

—No te rindas, Selena —dijo Papá—. Busca el modo de demostrar que puedes hacerlo.

Detente Piensa Escribe

CAUSA Y EFECTO

¿Por qué la protagonista le dice a su pápa que cree que fue un error unirse al grupo?

_____

_____

_____

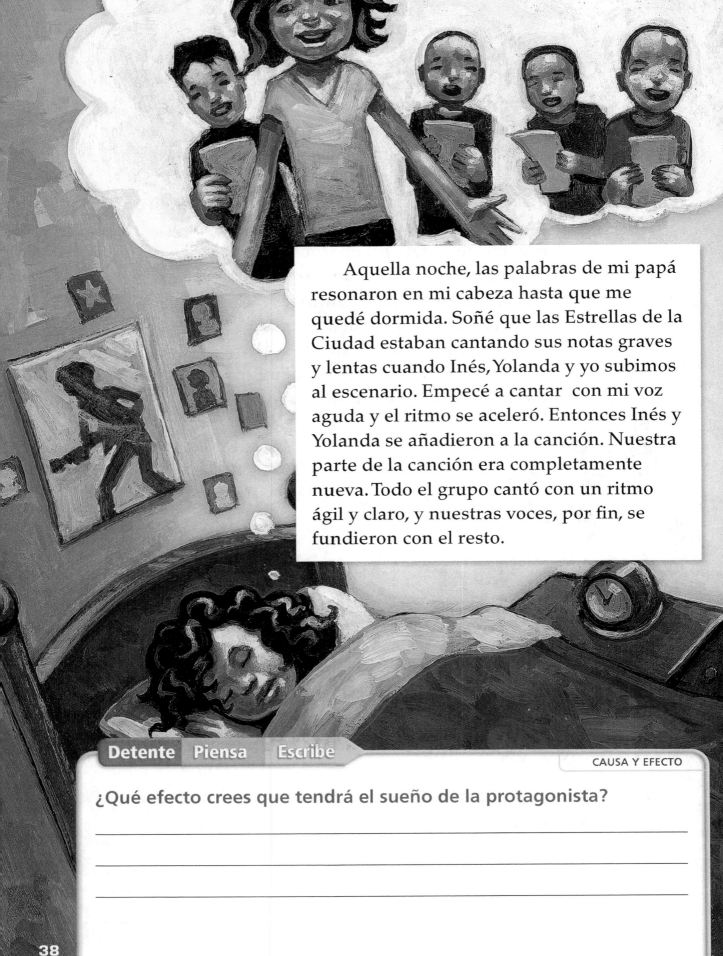

Aquella noche, las palabras de mi papá resonaron en mi cabeza hasta que me quedé dormida. Soñé que las Estrellas de la Ciudad estaban cantando sus notas graves y lentas cuando Inés, Yolanda y yo subimos al escenario. Empecé a cantar con mi voz aguda y el ritmo se aceleró. Entonces Inés y Yolanda se añadieron a la canción. Nuestra parte de la canción era completamente nueva. Todo el grupo cantó con un ritmo ágil y claro, y nuestras voces, por fin, se fundieron con el resto.

Detente   Piensa   Escribe

CAUSA Y EFECTO

¿Qué efecto crees que tendrá el sueño de la protagonista?

_____

_____

_____

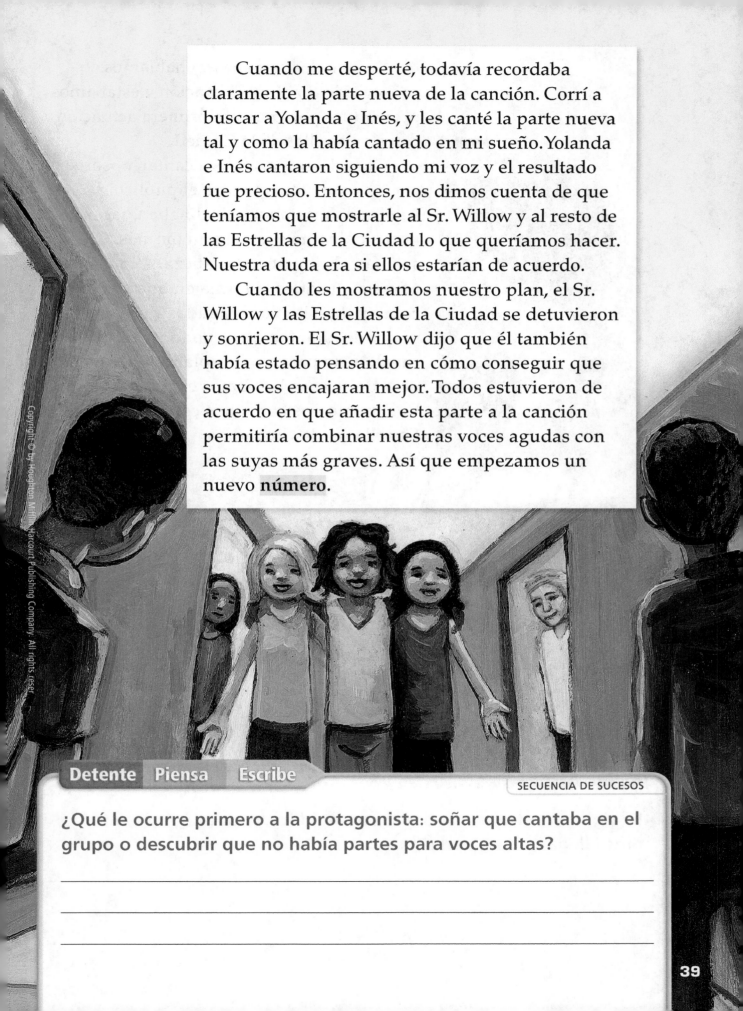

Cuando me desperté, todavía recordaba claramente la parte nueva de la canción. Corrí a buscar a Yolanda e Inés, y les canté la parte nueva tal y como la había cantado en mi sueño. Yolanda e Inés cantaron siguiendo mi voz y el resultado fue precioso. Entonces, nos dimos cuenta de que teníamos que mostrarle al Sr. Willow y al resto de las Estrellas de la Ciudad lo que queríamos hacer. Nuestra duda era si ellos estarían de acuerdo.

Cuando les mostramos nuestro plan, el Sr. Willow y las Estrellas de la Ciudad se detuvieron y sonrieron. El Sr. Willow dijo que él también había estado pensando en cómo conseguir que sus voces encajaran mejor. Todos estuvieron de acuerdo en que añadir esta parte a la canción permitiría combinar nuestras voces agudas con las suyas más graves. Así que empezamos un nuevo **número**.

Detente Piensa Escribe

SECUENCIA DE SUCESOS

¿Qué le ocurre primero a la protagonista: soñar que cantaba en el grupo o descubrir que no había partes para voces altas?

_____

_____

_____

En solo dos semanas ya habíamos conseguido **dominar** la canción y estábamos preparados para nuestra primera actuación con las Estrellas de la Ciudad.

Cuando empezamos a cantar, observé el efecto que teníamos en el público. Algunos sonreían y se inclinaban hacia nosotros, como si quisieran oír más. Otros seguían el ritmo con la cabeza. A todos parecía gustarles la forma en que se combinaban las voces agudas y graves. Lo mejor de todo fue que, cuando terminó la canción, no pararon de aplaudir. ¡Después de todo, no nos habíamos estrellado! Realmente nos habíamos convertido en las Estrellas de la Ciudad.

Detente **Piensa** **Escribe**

VOCABULARIO

Di alguna destreza que hayas conseguido <u>dominar</u>. ¿Te resultó difícil llegar a dominarla?

_____

_____

_____

Vuelve a leer y responde

1 ¿Cómo se siente la madre de la protagonista ante la posibilidad de que esta forme parte del Orfeón de la Ciudad?

Pista

Busca pistas en la página 34.

_____

_____

_____

2 Al principio, ¿por qué es tan difícil para las chicas cantar en el grupo?

Pista

Busca una pista en la página 37.

_____

_____

_____

3 El consejo que el padre le da a la protagonista, ¿es bueno o malo? Explica por qué.

Pista

Mira en la página 37 y en las siguientes.

_____

_____

_____

4 ¿Cómo cambian a lo largo del relato los sentimientos de la protagonista sobre la posibilidad de unirse al coro?

Pista

Busca pistas por todo el cuento, especialmente en la última página.

_____

_____

_____

¡Hazte un detective de la lectura!

Vuelve a

"Las niñas Rockett"
Libro del estudiante,
págs. 115–125

1 **¿Qué hace el entrenador Rockett antes de formar los Snazzy Steppers?**

☐ Aprende mucho sobre *double dutch*.

☐ Hace un volante.

☐ Ingresa a los estudiantes en competencias.

☐ otras _____

¡Pruébalo! ¿Qué evidencia de la selección apoya tu respuesta? Marca las casillas. ☑ Toma notas.

Evidencia	Notas
☐ detalles sobre los Snazzy Steppers	
☐ detalles sobre el entrenador Rockett	
☐	

¡Escríbelo!

SECUENCIA DE SUCESOS

Responde a la pregunta **1** usando evidencia del texto.

_____

_____

_____

_____

_____

_____

2 ¿Cuál es la lección más importante sobre la vida que los lectores pueden aprender de esta selección?

☐ Las actividades que los estudiantes ya disfrutan son significativas.

☐ Puedes tener éxito aunque empieces de cero.

☐ La clave para el éxito en *double dutch* es el ritmo.

¡Pruébalo! ¿Qué evidencia de la selección apoya tu respuesta? Marca las casillas. ☑ Toma notas

Evidencia	Notas
☐ la experiencia del entrenador con *double dutch*	
☐ la experiencia de los estudiantes con *double dutch*	
☐	

¡Escríbelo!

TEMA

Responde a la pregunta 2 usando evidencia del texto.

_____

_____

_____

_____

_____

_____

_____

✓ **VOCABULARIO CLAVE**

avergonzar
estupendo
obvio
preliminar
típicamente

Trabajando con un compañero

Marca la respuesta correcta.

1 En los proyectos de mi escuela, los estudiantes trabajan _____ por parejas.

☐ **gradualmente**

☐ **delicadamente**

☐ **típicamente**

2 Resulta de gran ayuda tener un compañero al que no le importe presentar el trabajo si te _____ hablar en público.

☐ **emerge**   ☐ **avergüenza**   ☐ **disimula**

3 Es _____ que dos personas tendrán más ideas que una sola.

☐ **perspicaz**   ☐ **obvio**   ☐ **estupendo**

4 Cada miembro del equipo puede idear por su cuenta un plan _____, para luego trabajar todos juntos en el plan final.

☐ **preliminar**   ☐ **desmesurado**   ☐ **congestionado**

5 Si dos estudiantes con talento trabajan juntos, el resultado seguramente será _____.

☐ **vergonzoso**   ☐ **inquietante**   ☐ **estupendo**

6 ¿Cómo ayudarías a alguien a quien le avergüenza hablar delante de la clase?

_____

_____

_____

7 Describe una pintura o una fotografía que te parezca estupenda.

_____

_____

_____

8 ¿Qué haces típicamente antes de ir a la escuela?

_____

_____

Hay que trabajar en equipo

por Mia Lewis

Sentada en su pupitre, Carla observaba a sus compañeros mientras se dirigían en fila a sus asientos.

—¿Qué te ha pasado? —le preguntó a Ben, que había entrado en clase chorreando. Sus zapatillas, empapadas de agua, hacían ruido al caminar.

—Estaba esperando en la parada del autobús cuando un camión enorme que subía por la carretera pasó, ¡y me salpicó! —respondió.

—Parece que tanto tú como el camión han empezado el día cuesta arriba —bromeó Carla.

Detente   Piensa   Escribe

CONCLUSIONES Y GENERALIZACIONES

¿Cómo puedes saber que Carla y Ben son amigos?

_____

_____

_____

44

—Esta es la semana del trabajo en equipo —anunció la Sra. Kim—. Trabajarán en parejas para hacer una maqueta.

Carla decidió pedirle a Ben que trabajara con ella. Seguro que formarían un buen equipo.

—**Típicamente** les dejo escoger a sus compañeros —explicó la Sra. Kim—. Pero esta vez voy a poner los nombres en una caja y los sacaré de dos en dos. Los nombres que salgan juntos formarán un equipo.

Carla permaneció inmóvil mientras la Sra. Kim leía los nombres.

—Carla Vargas y, veamos… Wendell Oaks.

"Oh, no", se dijo Carla a sí misma. "No lo conozco."

Detente   Piensa   Escribe

VOCABULARIO

¿Qué tomas <u>típicamente</u> para desayunar?

_____

_____

_____

45

Carla acordó con Wendell encontrarse después de la escuela para trabajar en el proyecto.

Más tarde, en casa de Wendell, la Sra. Oaks saludó a Carla y la invitó a entrar.

—Wendell está abajo, en su laboratorio —explicó.

"¿Laboratorio? ¿Dónde me estoy metiendo?" se preguntaba Carla mientras bajaba las escaleras.

En el sótano, Wendell acababa de terminar la maqueta de un coche.

—¿Te gusta hacer maquetas? —preguntó Carla.

—Desde luego —dijo Wendell—. ¿Y a ti?

Detente Piensa Escribe

TEMA

A Carla parece preocuparle tener que trabajar con alguien que no conoce. ¿Por qué puede ser eso un problema?

_____

_____

_____

46

—No soy muy buena en esto —dijo Carla. Le **avergonzaba** hablarle sobre la maqueta del barco que había hecho el año anterior. Solo había conseguido que flotara unos segundos.

—Bueno, hacen falta dos personas para formar un equipo —dijo Wendell—. Seguro que podrás aportar tu talento.

—A mí se me da bien pensar ideas y hacer planes —dijo Carla—. ¿Qué tal si hacemos la maqueta de un parque de atracciones?

—¡Sí! —aceptó Wendell—. Hagamos una atracción con barcos flotantes.

—Um, está bien —dijo Carla, aunque no sonó muy convencida.

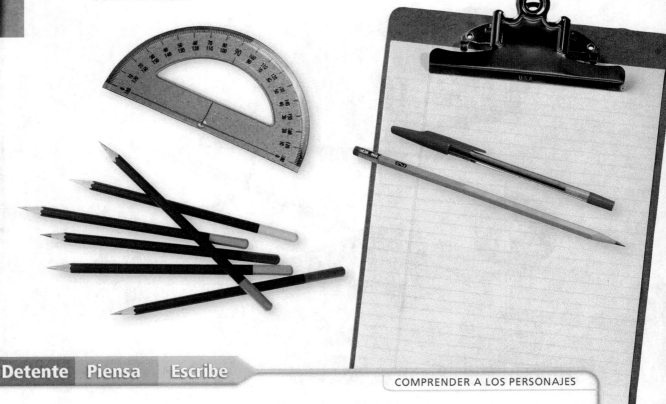

Detente **Piensa** **Escribe**

COMPRENDER A LOS PERSONAJES

¿Qué destrezas puede aportar Carla al equipo?

_____

_____

_____

Carla hizo un boceto **preliminar** antes de empezar a construir. Wendell buscó los materiales. ¡Era **obvio** que Wendell sabía lo que hacía! Carla estaba maravillada con las enredaderas de barro que estaba haciendo Wendell. Carla hizo una cueva para la atracción del barco.

Los dos compañeros pusieron la maqueta en un recipiente lleno de agua. El agua era como un lago alrededor de la isla. Hicieron pequeños barcos con platitos. Los platitos tenían por debajo unas bolitas de esponja para que flotaran mejor. Wendell unió los barcos con una cuerda.

Detente   Piensa   Escribe

VOCABULARIO

¿Qué te haría pensar que es <u>obvio</u> que a alguien le gustan los animales?

_____

_____

_____

"Wendell es un artista, un cerebrito y un excelente compañero de equipo", se dijo Carla a sí misma.

Cuando terminaron la maqueta, los barcos iban por el lago, y entraban y salían de la cueva. ¡Todo tenía un aspecto **estupendo**!

—¡Lo hemos conseguido! —exclamó Carla mientras Wendell se sentaba a admirar la maqueta—. Grabemos una cinta con el sonido del agua, como si fuera la corriente —dijo—. La podemos poner mientras hacemos nuestra presentación.

—¡Buena idea! —dijo Wendell, y se fue a buscar una grabadora.

Detente **Piensa** **Escribe**

TEMA

¿De qué manera el modo en que Wendell y Carla trabajan juntos refuerza el tema del relato?

_____

_____

_____

En clase, Wendell puso la cinta y movió los barcos mientras Carla hablaba. El sonido del agua y los barcos deslizándose hacían que la maqueta pareciese real.

Después, Carla y Wendell dejaron que sus admirados compañeros vieran la maqueta de cerca.

—¿Cómo lo hiciste? —preguntó Ben a Carla—. Después del fracaso del barco del año pasado, no pensaba que pudieras construir nada.

—Carla lo planeó todo —apuntó Wendell.

—Bueno, Wendell hizo que el plan funcionase —insistió Carla—. Sin él, los barcos se habrían hundido como piedras.

Detente Piensa Escribe

TEMA

¿Qué crees que aprendió Carla trabajando con Wendell en el proyecto?

_____

_____

_____

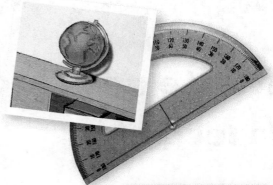

Vuelve a leer y responde

1 ¿Cómo se siente Carla al principio por tener que trabajar con Wendell?

_____

_____

_____

Pista

Busca una pista en las páginas 45 y 46.

2 ¿Qué aporta Wendell al proyecto?

_____

_____

_____

Pista

Busca pistas en las páginas 48 y 49.

3 ¿Qué aprende Carla de Wendell trabajando con él en equipo?

_____

_____

_____

Pista

Busca una pista en la página 49.

4 ¿Crees que la semana del trabajo en equipo fue un éxito para Carla y para Wendell? Explica tu respuesta.

_____

_____

_____

Pista

Puedes encontrar pistas a lo largo de todo el cuento.

¡Hazte un detective de la lectura!

Vuelve a

"El diario de Elisa"
Libro del estudiante,
págs. 143–153

1 ¿Cuál es la lección más importante sobre la vida que los lectores pueden aprender del cuento?

☐ Los animales pueden hacer ver un lugar extraño como amigable.

☐ La radio puede ayudarte a aprender un idioma nuevo rápidamente.

☐ Personas con aptitudes diferentes pueden trabajar bien juntas.

¡Pruébalo! ¿Qué evidencia del cuento apoya tu respuesta? Marca las casillas. ✓ Toma notas.

Evidencia	Notas
☐ cuando Elisa y José se convierten en amigos	
☐ lo que Elisa le dice a la clase al final	
☐	

¡Escríbelo!

TEMA

Responde a la pregunta **1** usando evidencia del texto.

_____

_____

_____

_____

_____

2 **¿En qué se parecen Elisa y José?**

☐ Ambos tienen problemas para expresarse en inglés.

☐ Ambos aprenden inglés escuchando a las personas hablarlo.

☐ otra _____

¡Pruébalo! ¿Qué evidencia del cuento apoya tu respuesta?
Marca las casillas. ☑ Toma notas.

Evidencia	Notas
☐ sucesos en la escuela	
☐ sucesos fuera de la escuela	
☐	

¡Escríbelo!

COMPARAR Y CONTRASTAR

Responde a la pregunta **2** **usando evidencia del texto.**

_____

_____

_____

_____

_____

_____

_____

✓ **VOCABULARIO CLAVE**

**empequeñecer
lugar elevado
presencia
procedimiento
trasladado**

Hagamos lugar para los monos

En el mundo, existen cerca de 200 tipos distintos de monos. Algunos monos viven en árboles, pero otros viven en el suelo. Algunas especies, como los tamarindos, son pequeñas. El tamaño de estas especies parece **1** _____ en comparación con el tamaño de primos monos más grandes, como los babuinos.

Los monos que viven en los árboles pueden subirse a **2** _____, como las ramas de los árboles. Todos los monos pueden sujetarse de las ramas con sus manos y sus patas. Algunos monos pueden balancearse con su cola.

La actividad humana pone en peligro la

3 _____ actual de algunos

monos en la naturaleza. Por ejemplo, el mono araña

marrón está en grave peligro de extinción. El mono

násico está en peligro de extinción. Estar en grave

peligro de extinción significa que un día, dentro de no

mucho, puede que ya no existan más en la Tierra.

Algunos monos en peligro de extinción

han sido **4** _____ de la

naturaleza a nuevos hogares en zoológicos. Este

5 _____ puede ayudar

a los monos a sobrevivir. Sin embargo, lo

mejor para los monos en peligro de extinción

sería que protejamos sus hogares en la naturaleza.

Si las personas quieren compartir la Tierra con los

animales, debemos decidir muy bien lo que hacemos

con el terreno.

¿Sobrevivirá el castaño americano?

por Dina McClellan

Bajo un enorme castaño,
se encuentra el herrero de la aldea;
el herrero, un hombre robusto es
con manos grandes y fuertes...

—de "El herrero de la aldea",
por Henry Wadsworth Longfellow (1807–1882)

Un árbol celebrado

El castaño americano fue uno de los árboles más celebrados de los bosques del noreste de Estados Unidos. Solía crecer en millones de acres desde Maine hasta Mississippi. A una altura de 110 pies, estos árboles **empequeñecían** a los demás. Los Apalaches tenían tantos de estos árboles que, cuando florecían, las cumbres de las montañas se volvían blancas. En el otoño, la tierra se volvía negra por las castañas que caían al suelo.

Detente Piensa Escribe

PROPÓSITO DE LA AUTORA

¿Por qué crees que la autora introdujo este artículo con versos de un poema famoso?

_____

_____

_____

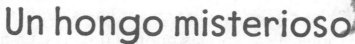

Un hongo misterioso

Hoy en día, la **presencia** de los castaños americanos en la región se ha reducido prácticamente a cero. La razón se debe a un hongo misterioso. Este hongo se descubrió por primera vez en 1904 en el zoológico del Bronx en Nueva York. En el transcurso de dos años, todos los castaños del zoológico se habían muerto o se estaban muriendo. Cincuenta años después, el hongo mataría a cuatro mil millones de árboles en el este de Estados Unidos.

Este es un hongo que se esparce fácilmente. Las ráfagas de esporas (pequeñas partículas que parecen semillas y crecen dentro de los hongos) vuelan por el aire y se **trasladan** a la piel y las plumas de los animales. Cuando estos animales se suben a un **lugar elevado** de un castaño, las esporas se adhieren a las grietas de la corteza. El hongo crece alrededor del árbol y lo ahoga.

Detente   Piensa   Escribe

CAUSA Y EFECTO

¿Cómo se meten las esporas que matan al árbol en su tronco?

_____

_____

_____

Pero no todo está perdido. El castaño americano tiene dos ventajas: (1) el hongo no puede matar las raíces y (2) las raíces pueden crecer hasta convertirse en nuevos árboles. Esas son las buenas noticias. La mala noticia es que el hongo sigue viviendo en la región y puede atacar a los nuevos castaños en crecimiento.

Detente Piensa Escribe

CONCLUSIONES

¿Por qué puede ser que algún día se extingan los castaños americanos?

_____

_____

_____

Humanos al rescate

En la década de 1930, los científicos creían que se podía salvar el castaño americano. Descubrieron el castaño chino, un pariente del árbol americano. La gran diferencia era que el castaño chino provenía de la misma región que el hongo y, por eso, había desarrollado una protección contra él. El castaño chino no se podía enfermar.

Los científicos cruzaron las dos especies, con la esperanza de obtener como resultado árboles jóvenes parecidos al árbol americano, pero que no se pudieran enfermar. Sin embargo, no pudieron lograrlo, y el trabajo concluyó en la década de 1970.

Detente Piensa Escribe

PROBLEMA Y SOLUCIÓN

¿Por qué los científicos de la década de 1930 creyeron que el castaño chino los ayudaría a resolver el problema?

_____

_____

_____

Después, en la década de 1980, un científico llamado Dr. Charles Burnham formó un equipo con un agricultor de castaños de Minnesota para encontrar una manera de cruzar los dos árboles.

Primero, cruzaron el castaño chino con el castaño americano, y obtuvieron árboles jóvenes que eran mitad chinos y mitad americanos. Luego, cruzaron estos árboles jóvenes con los padres americanos, una y otra vez. El resultado de ese **procedimiento** es un árbol americano que no se enferma.

Detente   Piensa   Escribe

VOCABULARIO

¿En qué aspectos fue diferente el procedimiento del Dr. Burnham de los que se habían realizado en la década de 1930?

_____

_____

_____

La Fundación del Castaño Americano

En 1983, se creó una organización llamada Fundación del Castaño Americano para apoyar el programa que comenzó el Dr. Burnham. Sus miembros tienen la esperanza de que después de ser cruzados, los árboles se puedan volver a plantar en el bosque mediante un proceso que se llama reforestación. Después de eso, depende de la naturaleza que todo siga bien.

Detente Piensa Escribe

IDEA PRINCIPAL Y DETALLES

¿Qué quieren hacer los miembros de la Fundación del Castaño Americano con los árboles nuevos que cruzaron?

_____

_____

_____

Se reforestaron cientos de árboles en Virginia y Tennessee y, aparentemente, todos están bien. Sin embargo, se necesita más tiempo para saber si los árboles sobrevivirán a largo plazo. La reforestación es una tarea muy compleja que requiere muchos años de trabajo arduo.

Los miembros de la fundación realmente se preocupan por estos árboles hermosos y llenos de orgullo. Creen que, algún día, el famoso "enorme castaño" recuperará el lugar que le corresponde en los bosques de Estados Unidos.

Detente   Piensa   Escribe

IDEA PRINCIPAL Y DETALLES

¿Por qué todavía es incierto que el castaño americano pueda sobrevivir?

_____

_____

_____

_____

Vuelve a leer y responde

1 ¿Qué le ocurrió al castaño americano a principios del siglo veinte?

_____

_____

_____

Pista

Busca pistas en las páginas 54 y 55.

2 ¿Cómo mata el hongo a los árboles?

_____

_____

_____

Pista

Busca una descripción en la página 55.

3 ¿Por qué el castaño chino es una buena opción para cruzarlo con el castaño americano?

_____

_____

_____

Pista

Busca pistas en la página 57.

4 ¿Cuáles son los objetivos de la Fundación del Castaño Americano?

_____

_____

_____

Pista

Busca pistas en la página 59.

¡Hazte un detective de la lectura!

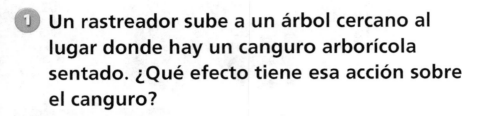

"En busca del canguro arborícola"
Libro del estudiante, págs. 175–189

1 **Un rastreador sube a un árbol cercano al lugar donde hay un canguro arborícola sentado. ¿Qué efecto tiene esa acción sobre el canguro?**

☐ Salta a un árbol más bajo y lo capturan.

☐ Tiene una cola larga y amarilla.

☐ Es descubierto con otro canguro.

¡Pruébalo! ¿Qué evidencia de la selección apoya tu respuesta? Marca las casillas. ☑ Toma notas.

Evidencia	Notas
☐ sucesos antes de que el rastreador sube al árbol	
☐ sucesos después de que el rastreador sube el árbol	
☐ las fotografías	

¡Escríbelo!

CAUSA Y EFECTO

Responde a la pregunta 1 usando evidencia del texto.

_____

_____

_____

_____

_____

61A

2 **Una de las ideas principales es que los científicos estudian todo lo que pueden sobre los canguros arborícolas.** ¿Cuáles son los detalles que estudian los científicos?

- ☐ el tamaño de los canguros, el pulso cardíaco, la respiración y la temperatura

- ☐ el comportamiento de los canguros en la naturaleza

- ☐ otro _____

¡Pruébalo! ¿Qué evidencia de esta selección apoya tu respuesta? Marca las casillas. ☑ Toma notas.

Evidencia	Notas
☐ cómo encuentran los científicos a los animales	
☐ qué es lo que miden cuando los capturan	
☐	

¡Escríbelo!

IDEAS PRICIPALES Y DETALLES

Responde a la pregunta **2** usando evidencia del texto.

_____

_____

_____

_____

_____

_____

_____

arremeter
desesperado
imaginar
juego
saltar

Alarma en la granja

El granjero gritó **desesperado**
cuando afuera miró.
El corral estaba hecho un desastre,
y no fue eso todo lo que vio.

La cabra **saltaba** por el campo,
y a cada zancada balaba.
En su lomo había un ganso,
contento por el paseo que daba.

Tres cerdos se embestían aquí y allí.
El perro pastor se unió al **juego**.
Las vacas lo observaban con horror
y dejaban la comida para luego.

El toro **arremetió** contra el gato.
El gato saltó con el tiempo justo
y se lanzó espantado al lago
dando a los patos un susto.

El granjero llamó a su mujer
y corrió hacia la puerta.
Imaginó con mucho disgusto
el trabajo que había en la huerta.

1 El gato se espantó porque el toro lo

estaba _____ .

2 El perro pastor y los tres cerdos participaban

en un _____ .

3 El alboroto que vio el granjero hizo que gritase

_____ .

4 ¿En qué deportes puedes ver gente saltando
en un campo o en una cancha? Explica tu
respuesta.

_____

_____

_____

5 Si <u>imaginases</u> tu lugar perfecto, ¿cómo sería?

_____

_____

_____

Nunca pasa nada en el campo

por Shawn Boyle

Hace unos meses, mamá y papá me dijeron que nos trasladaríamos al campo. Estaban cansados del ritmo **desesperado** de la vida en la ciudad. Querían algo de paz y tranquilidad, así que decidieron que viviríamos en medio de la nada. ¡En una granja!

Lo que es yo, no quería ir. Sabía que me aburriría todo el tiempo. Todo el mundo sabe que nunca pasa nada en el campo.

Y tenía razón. No tardé mucho en darme cuenta de que el campo no me gustaba ni una pizca.

Detente   Piensa   Escribe

VOCABULARIO

Describe algo que te desespere.

_____

_____

_____

Hasta mi fiesta de cumpleaños fue aburrida. En la ciudad, habrían venido todos mis amigos y lo habríamos pasado en grande. En el campo, ¡el único invitado fue una cabra! E intentó robar mi pastel de cumpleaños de la mesa de picnic.

Mamá me dijo que haría un montón de amigos nuevos cuando empezase la escuela. Yo me limité a encogerme de hombros. Entonces papá y mamá me dijeron que tenían una sorpresa para mí. Lo habían organizado todo para que mi mejor amigo, Kwan, viniese una semana de visita. Eso sí que eran buenas noticias.

Detente **Piensa** **Escribe**

CAUSA Y EFECTO

¿Por qué el narrador se encoge de hombros?

_____

_____

_____

Solo faltaban unos días para que llegase Kwan, pero a mí me parecieron años. Mamá no paraba de decirme que saliese afuera y disfrutase del sol. ¿Pero por qué iba a querer hacerlo? No me apetecía compartir mi comida con la cabra. Tampoco me tentaban los **juegos** con las gallinas de corral.

Así que seguí leyendo mis cómics e **imaginando** la vida en la ciudad. Echaba de menos el ruido (los bocinazos, las sirenas, el estruendo de los autobuses).

Detente Piensa Escribe

COMPRENDER A LOS PERSONAJES

¿Qué puedes decir sobre el narrador a partir de lo que opina sobre salir de casa?

_____

_____

_____

Finalmente, llegó Kwan. Papá y yo fuimos a buscarlo a la estación. Le había avisado de que la semana podía ser muy aburrida, pero él parecía muy emocionado. Nunca había estado en una granja. En el trayecto a casa, no pudo ocultar su entusiasmo. Señaló un pavo salvaje que había a uno de los lados de la carretera, una marmota comiendo hierba y hasta un rebaño de vacas.

Sin embargo, estaba seguro de que Kwan descubriría muy pronto lo aburrida que era la vida en una granja.

Detente **Piensa** **Escribe**

COMPRENDER A LOS PERSONAJES

¿Qué te dice la reacción de Kwan al llegar al campo sobre cómo es él?

_____

_____

_____

A la mañana siguiente, Kwan se levantó al amanecer. Lo vi **saltar** dentro del gallinero, y lo seguí con calma. Kwan estaba contentísimo porque había encontrado un par de huevos.

—¡Esto sí que es fresco! —dijo —. Chico, esto es vida.

Yo no estaba muy seguro de que tener huevos para desayunar fuese algo tan prodigioso, pero Kwan me contagió su buen humor. Aunque no duró mucho. Kwan quería que fuésemos de excursión. ¡No podía haber nada más aburrido que eso! Pero como era mi mejor amigo, fingí que la idea me emocionaba.

Detente   Piensa   Escribe

COMPRENDER A LOS PERSONAJES

¿Por qué crees que Kwan <u>saltó</u> dentro del gallinero?

_____

_____

_____

68

Mamá nos preparó la comida y se aseguró de que nos llevásemos los prismáticos. No se me ocurría por qué podríamos necesitarlos. Estaba convencido de que Kwan no tardaría mucho en aburrirse, con o sin prismáticos.

Me equivocaba. A Kwan todo le parecía increíble. Pájaros, árboles, hierba, todo le hacía feliz. De repente me tiró de la manga y señaló hacia el cielo: había unos halcones volando en círculos. Tomamos los prismáticos. ¡Aquellos pájaros eran impresionantes!

Uno de ellos **arremetió** contra el suelo. Un segundo después, remontó el vuelo con un ratón diminuto entre sus garras. La excursión no estaba yendo tan mal, después de todo.

Detente   Piensa   Escribe

CAUSA Y EFECTO

¿Qué es lo que hizo cambiar de opinión al narrador sobre la excursión?

_____

_____

_____

Nuestro paseo por el bosque fue aun mejor. Vimos un árbol con tantas termitas que estaba a punto de caer. Oímos un martilleo, y cuando miramos arriba vimos un pájaro carpintero. En el siguiente árbol había una colmena. Poco después vimos un zorro y algunas mofetas. ¡Pero no nos acercamos mucho a las mofetas!

Cuando llegamos a casa estábamos agotados. Antes de ir a la cama, hablamos sobre lo que haríamos al día siguiente, y al otro. Ahora comprendía que vivir en el campo podía ser tan emocionante como yo quisiese. ¡Y había necesitado a un chico de ciudad para darme cuenta!

Detente   Piensa   Escribe

INFERIR Y PREDECIR

¿Por qué Kwan y el narrador no se acercaron mucho a las mofetas?

_____

_____

_____

Vuelve a leer y responde

1 ¿Por qué es importante que los chicos lleven los prismáticos a la excursión?

_____

_____

_____

Pista

Busca una pista en la página 69.

2 ¿Qué animales hay en la granja?

_____

_____

_____

Pista

Busca pistas en las páginas 65 y 66.

3 ¿Qué puedes decir sobre el personaje de Kwan?

_____

_____

_____

Pista

Busca pistas en las páginas 67 a 70.

4 ¿En qué se diferencian el narrador y Kwan?

_____

_____

_____

Pista

Hay pistas en todas las páginas.

¡Hazte un detective de la lectura!

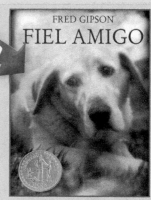

FRED GIPSON
FIEL AMIGO

"Fiel amigo"
Libro del estudiante,
págs. 209–219

Vuelve a

1 **¿De qué maneras Travis demuestra que quiere a Arliss?**

☐ Él soporta el comportamiento de Arliss.

☐ Él viene corriendo cuando Arliss grita.

☐ Él está preparado para pelear contra el oso para salvar a Arliss

☐ otra _____

¡Pruébalo! ¿Qué evidencia del cuento apoya tu respuesta?
Marca las casillas. ☑ Toma notas.

Evidencia	Notas
☐ sucesos en el texto	
☐ lo que Travis piensa y siente	
☐	

¡Escríbelo!

COMPRENDER A LOS PERSONAJES

Responde a la pregunta **1** usando evidencia del texto.

_____

_____

_____

_____

_____

_____

2 **Travis dice que Fiel amigo es un "pillo roba-carne".** ¿Cómo cambian estos sentimientos sobre el perro?

☐ Él respeta la forma en que el perro pelea.

☐ Él se da cuenta que el perro cuida a la familia.

☐ otro _____

¡Pruébalo! ¿Qué evidencia del texto apoya tu respuesta? Marca las casillas. ☑ Toma notas.

Evidencia	Notas
☐ lo que hace Fiel amigo	
☐ lo que Travis piensa	
☐	

¡Escríbelo!

COMPARAR Y CONTRASTAR

Responde a la pregunta 2 usando evidencia del texto.

_____

_____

_____

_____

_____

_____

_____

_____

✓ VOCABULARIO CLAVE

en peligro de extinción
regular
responsabilidad
restablecer
vegetación

Vertidos de petróleo

1 Los petroleros son barcos muy grandes que transportan petróleo por todo el mundo. Estos barcos pertenecen a las compañías petrolíferas. Las leyes **regulan** el número de petroleros que puede haber en el océano.

Escribe un sinónimo de regular.

_____

2 A veces los petroleros tienen escapes de petróleo. El petróleo vertido flota sobre la superficie del agua. Las olas llevan el petróleo hasta la orilla. El petróleo cubre la **vegetación** de la costa.

Indica algunos tipos de vegetación.

_____

_____

_____

3 Las compañías petrolíferas tienen la **responsabilidad** de limpiar los vertidos de petróleo. Deben enviar trabajadores para que limpien el desastre.

Indica algo de lo que seas responsable en la escuela o en casa.

_____

_____

_____

4 Cuando se produce un vertido, los pájaros y otros animales pueden quedar cubiertos de petróleo. Algunos de estos animales pueden estar **en peligro de extinción**. Para limpiar a los animales se utiliza un jabón especial.

¿Qué significa que un animal está en peligro de extinción?

_____

_____

_____

5 Los trabajadores intentan **restablecer** la belleza original del océano y la tierra. Para ello, utilizan máquinas que extraen el petróleo del agua y de la orilla. Las plantas se limpian con un material especial.

Indica algo que te gustaría restablecer.

_____

_____

_____

Vertido de petróleo en Alaska

por Richard Stull

Me llamo Kim. Vivo con mi familia en un pueblo pequeño de la costa de Alaska.

Un día, después de desayunar, mi mamá y yo fuimos a despedirnos de mi papá. Se iba mar adentro en su barco. Mi papá es pescador. Nos quedamos mirando cómo se alejaba, sin ser conscientes de que algo terrible estaba a punto de suceder en las azules aguas del océano.

Detente Piensa Escribe

ESTRUCTURA DEL RELATO

¿Cuál es el ambiente del relato?

_____

_____

_____

Mamá escuchó la noticia en la radio. Un petrolero a la deriva se acercó demasiado a la orilla. Al llegar a una zona poco profunda, las rocas le habían hecho un agujero en la parte inferior donde se encontraba la cisterna.

Esa tarde, el barco de mi padre regresó temprano. Corrí a buscarlo al muelle.

—El petróleo se ha extendido a lo largo de varias millas —dijo. Había cubierto pájaros y animales marinos. También había llegado a la orilla arrastrado por las olas. Como consecuencia, la **vegetación** de la costa había quedado cubierta de petróleo.

Detente   Piensa   Escribe

VOCABULARIO

¿A qué tipo de <u>vegetación</u> puede afectar un vertido de petróleo?

_____

_____

_____

Un grupo de hombres y mujeres se reunieron en la oficina del alcalde. Querían saber más sobre el vertido de petróleo. El alcalde les dijo que el gobierno ya había enviado trabajadores para empezar a limpiar el petróleo.

Algunas de las personas querían ayudar.

—Es nuestro deber como ciudadanos ayudar a limpiar este vertido de petróleo —dijo mi madre.

—Estoy de acuerdo —dijo el alcalde—. Todos vivimos y trabajamos aquí. Debemos ayudar a limpiar este desastre.

Detente   Piensa   Escribe

PERSUASIÓN

¿Cómo convence el alcalde a la gente para que se unan a la limpieza del vertido de petróleo?

_____

_____

_____

Los estudiantes de la escuela secundaria también querían ayudar. Estaban de acuerdo con mi madre y con el alcalde. Los estudiantes también creían que las personas tenían la **responsabilidad** de ayudar a los animales salvajes.

—El ser humano ha provocado este desastre —señaló un estudiante—. Por esa razón tenemos el deber de ayudar a los animales.

Todos decidieron que debían ayudar a limpiar el vertido de petróleo.

Detente   Piensa   Escribe

CAUSA Y EFECTO

¿Por qué los estudiantes creen que todo el mundo debería ayudar a los animales?

_____

_____

_____

Durante varias semanas, todo el mundo trabajó mucho en las tareas de limpieza. La gente limpió las playas. Intentaron quitar todo el petróleo que pudieron de las plantas.

Limpiaron pájaros y otros animales. Algunos estaban empapados de petróleo. Tuvieron un cuidado especial con los animales **en peligro de extinción**. Estos animales son los que corren el peligro de desaparecer completamente. Mi papá me explicó que el zarapito esquimal, un pájaro que vive a lo largo de la costa, es uno de los animales amenazados.

Detente Piensa Escribe

VOCABULARIO

¿De qué manera algunos animales pueden llegar a estar en peligro de extinción?

_____

_____

_____

Un día, una mujer que trabajaba para el gobierno nos dijo que los esfuerzos por **restablecer** la situación en el océano y la orilla estaban llegando a su fin.

—Hemos quitado la mayor parte del petróleo —dijo. Luego dijo que las cosas volverían completamente a la normalidad en uno o dos años.

Mi papá pudo volver a pescar al cabo de poco tiempo. Yo pude volver a jugar en la playa. Durante la limpieza, tenía prohibido acercarme al agua.

Detente   Piensa   Escribe

CAUSA Y EFECTO

¿Por qué a Kim no la dejan jugar en la playa?

_____

_____

_____

El vertido de petróleo nos enseñó algunas lecciones muy valiosas. Aprendimos que las acciones humanas pueden tener efectos malos y buenos. Los seres humanos provocaron el vertido de petróleo. La gente lo limpió trabajando junta.

Tal vez las compañías petroleras también aprendieron una lección. Deben **regular** mejor el transporte marítimo. Eso ayudará a prevenir los vertidos de petróleo. Es necesario prevenir los vertidos de petróleo para proteger a los animales y plantas de la Tierra.

Detente Piensa Escribe

PERSUASIÓN

¿Qué argumentos utiliza Kim para convencer al lector de que hay que regular el transporte de petróleo por agua?

_____

_____

_____

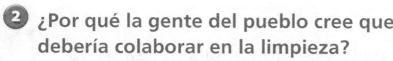

Vuelve a leer y responde

1 ¿Qué efectos tiene el vertido de petróleo en el medio ambiente?

_____

_____

_____

Pista

Busca pistas en las páginas 75, 78 y 79.

2 ¿Por qué la gente del pueblo cree que debería colaborar en la limpieza?

_____

_____

_____

Pista

Busca pistas en las páginas 76 y 77.

3 ¿Cómo afecta el vertido de petróleo a la gente del pueblo?

_____

_____

_____

Pista

Puedes encontrar pistas en casi todas las páginas.

4 ¿Crees que la gente tuvo éxito con la limpieza del vertido de petróleo? Explica por qué.

_____

_____

_____

Pista

Busca pistas en las páginas 78 y 79.

¡Hazte un detective de la lectura!

Vuelve a

"Everglades para siempre"
Libro del estudiante,
págs. 237–249

1 ¿Cuál es el propósito de la autora al explicar "el círculo de la vida"?

☐ Ella quiere que el lector sepa más sobre el Miccosukee.

☐ Ella quiere alentar a las personas a salvar los Everglades.

☐ otro _____

¡Pruébalo! ¿Qué evidencia de la selección apoya tu respuesta? Marca las casillas. ☑ Toma notas.

Evidencia	Notas
☐ cómo son los Everglades	
☐ los peligros que enfrentan los Everglades	
☐	

¡Escríbelo!

PROPÓSITO DE LA AUTORA

Responde a la pregunta **1** usando evidencia del texto.

_____

_____

_____

_____

_____

_____

2 **Determina si esta declaración es un hecho o una opinión:**
En los Everglades viven muchas especies de plantas y animales.

☐ un hecho   ☐ una opinión

¡Pruébalo! ¿Qué evidencia de la selección apoya tu respuesta?
Marca las casillas. ☑ Toma notas.

Evidencia	Notas
☐ detalles sobre diferentes plantas	
☐ detalles sobre diferentes animales	
☐ las fotografías	

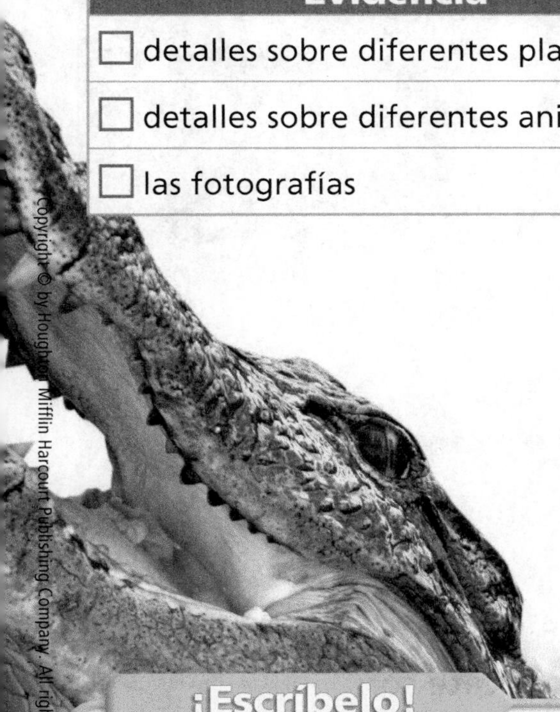

¡Escríbelo!

HECHO Y OPINIÓN

Responde a la pregunta ② usando evidencia del texto.

_____

_____

_____

_____

_____

_____

_____

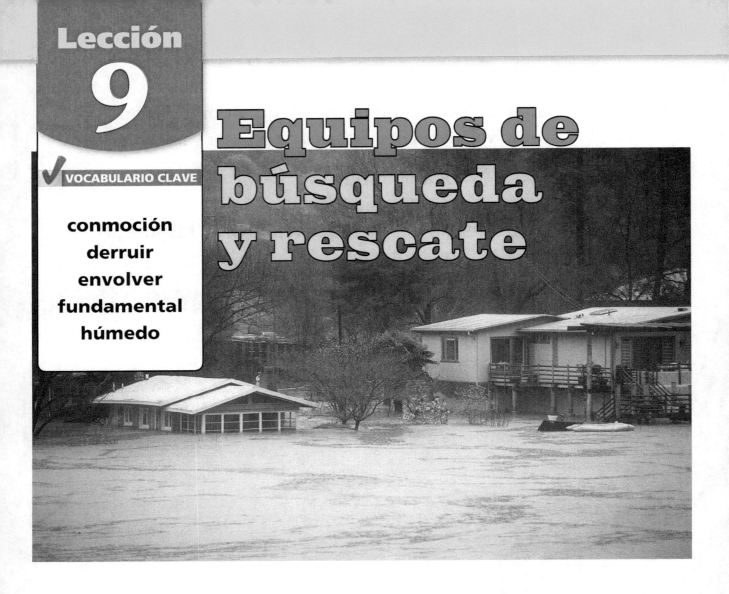

Lección 9

✓ **VOCABULARIO CLAVE**

conmoción
derruir
envolver
fundamental
húmedo

Equipos de búsqueda y rescate

Se producen muchos desastres en los que los equipos de búsqueda y rescate son

1 _____. Algunos equipos están compuestos por gente del lugar que conoce bien la zona. Otros equipos vienen desde lejos.

Las búsquedas se realizan en las montañas. Se realizan en los océanos. Se realizan incluso en la

2 _____ oscuridad de las cuevas y las minas subterráneas.

El mal tiempo puede provocar muchos daños.

No solo puede (3) _____

edificios, sino que además la gente puede quedar

atrapada en ellos. Los equipos de rescate buscan a

las personas heridas y las llevan a lugares seguros.

Las personas que se pierden en el mar y

las que quedan atrapadas en la nieve corren

peligro de congelarse. Los rescatadores

(4) _____ a estas víctimas

en mantas calientes.

En un desastre, suele producirse una

(5) _____ general. Los vientos

fuertes pueden hacer caer los árboles. La gente

puede ponerse a gritar. Los rescatadores

están entrenados para mantener la calma

en medio de la confusión.

El equipo de rescate en helicóptero

por **Laurie Rozakis**

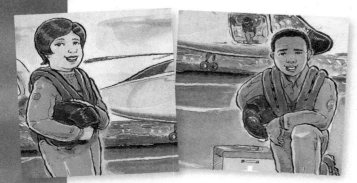

Preparados para el rescate

Parecía un día perfecto, por lo que el equipo de rescate en helicóptero no esperaba tener mucho trabajo. El equipo hacía casi todo el trabajo cuando había mal tiempo. Era entonces cuando la ayuda era más necesaria.

Pero de repente el tiempo empezó a cambiar. El cielo se oscureció y el viento comenzó a soplar. Se acercaba una tormenta.

Una voz habló por la radio. Se le informó al equipo que era **fundamental** que estuviese preparado. La tormenta pronto golpearía con fuerza.

Detente Piensa Escribe

CAUSA Y EFECTO

¿Por qué el equipo de rescate en helicóptero realiza la mayor parte de su trabajo cuando hay mal tiempo?

_____

_____

_____

Apuros en el mar

Lejos de allí, en el mar, Manny y Elena disfrutaban de un día agradable navegando en su barco. No estaban preparados para la tormenta que se avecinaba.

De repente, las nubes taparon el sol. El aire se volvió **húmedo** y frío. El viento aulló, y las olas azotaron el pequeño barco.

Manny hizo todo lo que pudo por controlar el barco, pero la tormenta era demasiado fuerte. Las velas se rasgaron y el mástil quedó **derruido**. Entonces Elena entró en la cabina y envió un mensaje angustioso a través de la radio.

Detente   Piensa   Escribe

VOCABULARIO

¿Qué le ocurre a algo que es <u>derruido</u>?

_____

_____

_____

Rescate en el mar

La llamada de Elena llegó al centro de rescate. El controlador averiguó cuál era la situación. Rápidamente avisó al equipo de rescate en helicóptero y le dio los detalles de la emergencia.

El equipo corrió hacia el helicóptero. Encendieron los motores. Después de todo, iba a ser un día atareado.

Detente Piensa Escribe

CAUSA Y EFECTO

¿Por qué, después de todo, va a ser un día atareado?

_____

_____

_____

El helicóptero llegó enseguida al lugar donde estaba el barco. El equipo de rescate hizo descender una cesta hasta la cubierta. Dentro de ella había un miembro del equipo. El rescatador tuvo que gritar las instrucciones para que Elena y Manny pudieran oírlo por encima de toda la **conmoción**. Luego ayudó a Elena a subir a la cesta.

Pronto, la cesta volvió a subir. Elena estaba a salvo en el helicóptero. La cesta volvió a bajar enseguida para rescatar a Manny.

Detente   Piensa   Escribe

VOCABULARIO

¿Qué es lo que provoca la <u>conmoción</u> en la escena del rescate?

_____

_____

_____

El viento seguía aullando. El mar
seguía agitado. El piloto mantuvo
el helicóptero encima del barco. El
equipo de rescate no perdía la calma.

Manny subió con dificultad a la cesta
y fue elevado hasta el helicóptero. Un miembro
del equipo lo **envolvió** en una manta seca. Poco después,
Elena y Manny se encontraban a salvo en tierra firme.

Detente   Piensa   Escribe

CONCLUSIONES Y GENERALIZACIONES

¿Por qué crees que un equipo de rescate debe conservar la calma?

_____

_____

_____

Otra emergencia

El trabajo del equipo de rescate aún no había terminado. El controlador tenía otra emergencia que atender.

La tormenta también había golpeado en tierra firme. En las montañas, un auto había patinado y perdido el control. Se había estrellado contra un árbol y el conductor estaba muy herido. Una ambulancia no tardaría mucho en llegar, pero no había tiempo que perder. El helicóptero de rescate volvió a elevarse. Había un médico a bordo.

Detente Piensa Escribe

CONCLUSIONES Y GENERALIZACIONES

¿Por qué la ambulancia no puede rescatar al conductor herido?

_____

_____

_____

Rescate en tierra

Diez minutos más tarde, el helicóptero llegó al lugar del accidente. Aterrizó a un lado de la carretera y el equipo salió corriendo a atender al conductor herido. Enseguida lo subieron a una camilla y volaron directo al hospital. El piloto aterrizó en la plataforma del tejado.

Y así acabó el día de trabajo del equipo de rescate en helicóptero.

Detente   Piensa   Escribe

INFERIR Y PREDECIR

¿Qué crees que ocurre después de que el helicóptero aterriza en el tejado del hospital?

_____

_____

_____

Vuelve a leer y responde

1 ¿Sería peligroso trabajar en un equipo de rescate en helicóptero? Explica tu respuesta.

_____

_____

_____

Pista

Busca pistas en las páginas 87 y 88.

2 ¿Por qué son necesarios los helicópteros de rescate?

_____

_____

_____

Pista

Encontrarás pistas en todo el cuento.

3 ¿Por qué un hospital podría tener un helipuerto en el tejado, en lugar de tenerlo en el suelo?

_____

_____

_____

Pista

Te ayudará pensar en un hospital que hayas visto.

4 ¿De qué maneras puede provocar desastres el mal tiempo?

_____

_____

_____

Pista

Busca pistas en las páginas 85 y 89.

¡Hazte un detective de la lectura!

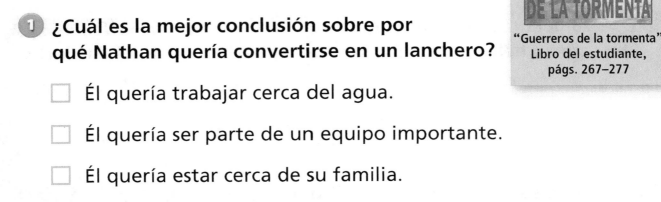

Vuelve a

"Guerreros de la tormenta"
Libro del estudiante,
págs. 267–277

1 **¿Cuál es la mejor conclusión sobre por qué Nathan quería convertirse en un lanchero?**

☐ Él quería trabajar cerca del agua.

☐ Él quería ser parte de un equipo importante.

☐ Él quería estar cerca de su familia.

¡Pruébalo! ¿Qué evidencia de la selección apoya tu respuesta?
Marca las casillas. ☑ Toma notas.

Evidencia	Notas
☐ lo que Nathan piensa y hace	
☐ lo que los lancheros hacen	
☐	

¡Escríbelo!

CONCLUSIONES Y GENERALIZACIONES

Responde a la pregunta **1** usando evidencia del texto.

_____

_____

_____

_____

_____

_____

_____

2 ¿Qué aprende Nathan sobre sí mismo durante el rescate?

- [ ] Él quiere arriesgar su vida como los lancheros.

- [ ] Él quiere convertirse en doctor.

- [ ] otro _____

¡Pruébalo! ¿Qué evidencia de la selección apoya tu respuesta? Marca las casillas. ☑ Toma notas.

Evidencia	Notas
☐ lo que Nathan piensa mientras ve trabajar a los lancheros	
☐ cómo ayuda al marinero lastimado	
☐	

¡Escríbelo!

COMPRENDER A LOS PERSONAJES

Responde a la pregunta **2** usando evidencia del texto.

_____

_____

_____

_____

_____

_____

_____

Leccíon 10

✓ **VOCABULARIO CLAVE**

agudo
detectar
disponible
feroz
inadvertido

Animales en peligro

1 Algunos peces están desapareciendo. No quedan muchos porque los pescadores los capturan. Si la gente no comprase esos peces, los pescadores dejarían de capturarlos. Comprar otros peces que estén **disponibles** es una forma de ayudar a los peces que están en peligro.

Escribe el nombre de una comida que esté <u>disponible</u> en tu supermercado.

_____

_____

_____

2 Los científicos observan a los animales que están en peligro de extinción. Los cuentan para ver cuántos hay. Los pandas a menudo pasan **inadvertidos**. Es difícil verlos en los espesos bosques de China.

Describe tres cosas de un parque que resulten <u>inadvertidas</u> para la mayor parte de la gente.

_____

_____

_____

3 Puedes ayudar a los animales salvajes de tu zona **detectando** los lugares donde viven y los lugares adonde van. Si descubres el hogar de un animal, no lo molestes. Cuando vayas en el auto, ten cuidado con los animales que cruzan la carretera.

¿Qué sentidos utilizas para <u>detectar</u> a tus amigos cuando juegas a las escondidas?

_____

_____

_____

4 Hasta los animales **feroces**, como los grandes tiburones blancos, necesitan la ayuda del ser humano para sobrevivir. Una forma de ayudar es escribir cartas a los legisladores, las personas que hacen las leyes. Los legisladores pueden garantizar que la gente obedezca las leyes que protegen a los tiburones. También pueden intentar impedir que otros países pesquen tiburones.

Nombra otros animales <u>feroces</u>. ¿Cómo puedes saber que son feroces?

_____

_____

_____

5 Muchos jóvenes sienten un **agudo** deseo de ayudar a los animales que están en peligro de extinción. Estos jóvenes aprenden cosas sobre los animales y explican a otras personas por qué los animales necesitan ayuda.

Escribe un sinónimo de <u>agudo</u>.

_____

Los bisontes vuelven a las Llanuras

por Joe Brennan

 ## Los reyes de las Llanuras

Las Grandes Llanuras se encuentran en medio de Estados Unidos. Recorren todo el país de norte a sur. En estas tierras anchas y llanas hay pocos árboles. Antiguamente, las Llanuras estaban cubiertas de hierba alta que se mecía con el viento. La gente decía que parecían océanos de hierba.

Hasta hace aproximadamente 150 años, los bisontes eran los reyes de las Llanuras. Más de 30 millones de estos enormes animales vagaban por aquí. Hoy, en Estados Unidos tan solo viven unos 80 mil bisontes.

Detente Piensa Escribe

CAUSA Y EFECTO

¿Por qué la gente decía que las Grandes Llanuras parecían "océanos de hierba"?

_____

_____

_____

94

Durante los días previos a la llegada de los colonos europeos, en las Llanuras pastaban grandes manadas de bisontes. Cuando acababan de pastar en una zona, se desplazaban a otro lugar. Las manadas recorrían hasta cuatrocientas millas hacia el sur en invierno y luego volvían al norte en primavera. No dejaban de moverse en busca de hierba fresca **disponible**.

Cada año, los bisontes recorrían los mismos caminos. A menudo viajaban formando una sola fila. Con el tiempo, los pasos de los bisontes erosionaron el suelo. ¡Algunos caminos se hundían hasta tres pies!

Detente **Piensa** **Escribe**

VOCABULARIO

¿Por qué el bisonte tiene que viajar para encontrar hierba fresca disponible?

_____

_____

_____

La caza del bisonte

Las tribus de indios americanos habitaban las Grandes Llanuras, donde vagaban los bisontes. Los bisontes eran muy importantes para los indios de las Llanuras. Los indígenas dependían de estos animales para obtener comida, ropa y refugio.

No era fácil matar a los bisontes. Pesaban más de 1,000 libras. Podían correr tan rápido como un caballo. Sus pezuñas y cuernos estaban muy afilados. Los bisontes usaban sus grandes cabezas para embestir a sus enemigos. Los indios de las Llanuras tuvieron que hallar maneras de matar a estos animales tan peligrosos sin resultar heridos.

Detente **Piensa** **Escribe**

COMPARAR Y CONTRASTAR

¿Con qué otro animal compara el autor la velocidad del bisonte?

_____

_____

_____

Antes de que los indios de las Llanuras tuviesen caballos, cazar era muy difícil. A veces los cazadores conducían a un grupo de bisontes por un camino predeterminado. Al final de ese camino había un acantilado que pasaba **inadvertido** para los bisontes. Cuando los bisontes traspasaban el borde del acantilado, caían y morían. De esa manera, los indios de las Llanuras podían dar de comer a su gente. Sin embargo, conducir un bisonte no era tan fácil como parece. Como se suele decir, ¡no puedes llevar un bisonte adonde no quiere ir!

Con la llegada de los caballos a América, los indios de las Llanuras pudieron cazar a caballo con arco y flechas. Solo mataban los pocos bisontes que necesitaban.

Detente   Piensa   Escribe

CAUSA Y EFECTO

¿Cómo cambiaron los métodos de caza de los indios de las Llanuras cuando empezaron a utilizar caballos?

_____

_____

_____

Nada se desperdicia

Los indios de las Llanuras usaban todas las partes de los animales que cazaban. Secaban la carne para que durase muchas semanas sin echarse a perder. Con la piel de los bisontes hacían abrigos y mantas. Los indios de las Llanuras también estiraban las pieles sobre marcos hechos con palos de madera. Estos tipis proporcionaban hogares secos y cálidos, y eran fáciles de transportar de un sitio a otro.

Los huesos de los bisontes servían para hacer herramientas. Se usaban trozos de excrementos secos de bisonte como combustible para las hogueras. Los indios de las Llanuras fabricaban cuero duro a partir de la piel de los bisontes. Y usaban algunas partes de estos animales para hacer canoas y bolsas.

Detente   Piensa   Escribe

IDEA PRINCIPAL Y DETALLES

Escribe tres detalles que expliquen cómo usaban las diferentes partes del bisonte los indios americanos.

_____

_____

_____

¿Qué les ocurrió a los bisontes?

Con la llegada de los colonos europeos a las Grandes Llanuras, los días de las grandes manadas estaban contados. Los colonos mataban bisontes como deporte y también para despejar la ruta del ferrocarril. Hacia la década de 1880, quedaba menos de un millar de bisontes en toda Norteamérica.

Algunos hombres y mujeres salvaron los últimos bisontes que quedaban. Los llevaron a un área protegida. De ese grupo nacieron más bisontes y, poco a poco, el número de bisontes fue creciendo.

El gobierno aprobó leyes para proteger a los bisontes. Se crearon parques nacionales para que los bisontes pudiesen ser cuidados y protegidos. Con nuestra ayuda, los bisontes siempre tendrán un espacio abierto para comer hierba y vagar libres.

Detente | Piensa | Escribe

IDEA PRINCIPAL Y DETALLES

Escribe dos detalles que describan los esfuerzos de la gente para salvar al bisonte.

_____

_____

_____

Datos sobre los bisontes

 La mayoría de los bisontes son de color marrón oscuro o negro. De vez en cuando nace un bisonte de color blanco. Los indios de las Llanuras creían que los bisontes blancos eran muy especiales. Contaban muchos cuentos sobre estas bestias blancas tan raras.

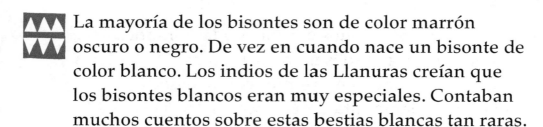 Un bisonte puede medir más de seis pies de alto y de diez a doce pies de largo. Los bisontes macho se llaman toros. Suelen ser más grandes que los bisontes hembra.

 Los bisontes no ven muy bien. Sin embargo, tienen un sentido del olfato y del oído muy **agudos**. Saben **detectar** el peligro desde muy lejos. Si oyen o huelen a un depredador **feroz**, como un oso, pueden huir y ponerse a salvo.

Detente Piensa Escribe

VOCABULARIO

¿De qué manera puede proteger a un animal el tener un sentido del oído <u>agudo</u>?

_____

_____

_____

100

Vuelve a leer y responde

1 ¿De qué trata este texto principalmente? ¿Cómo puedes saberlo?

_____

_____

_____

Pista

¿De qué tratan la mayoría de los títulos?

2 ¿Por qué los caminos de los bisontes estaban tres pies por debajo del nivel del suelo?

_____

_____

_____

Pista

Busca una pista en la página 95.

3 ¿Por qué el bisonte estuvo a punto de desaparecer de la Tierra?

_____

_____

_____

Pista

Busca pistas en la página 99.

4 Haz una predicción de lo que le ocurrirá al bisonte en el futuro. Utiliza detalles del texto para respaldar tu respuesta.

_____

_____

_____

Pista

Busca una pista en la página 99.

Hazte un detective de la lectura!

Vuelve a Pumas

"Pumas"
Libro del estudiante,
págs. 295–305

1 **El puma tiene sentidos agudos. ¿Qué dos cosas le permiten hacer al puma sus sentidos?**

☐ determinar el tamaño de un espacio pequeño

☐ cazar presas durante el día o la noche

☐ enseñarle a un cachorro de puma cómo masticar

¡Pruébalo! ¿Qué evidencia de la selección apoya tu respuesta? Marca las casillas. ☑ Toma notas.

Evidencia	Notas
☐ vista	
☐ oído	
☐ sentido del olfato	
☐ sentido del tacto	

¡Escríbelo!

IDEAS PRINCIPALES Y DETALLES

Responde a la pregunta **1** usando evidencia del texto.

_____

_____

_____

_____

_____

2 **¿Cuál de estos sucesos ocurre por último?**

☐ Los pumas jóvenes pierden sus manchas.

☐ Las madres de los pumas jóvenes los mantienen escondidos.

☐ Los pumas jóvenes son capaces de cazar por sí mismos.

¡Pruébalo! ¿Qué evidencia de la selección apoya tu respuesta? Marca las casillas. ☑ Toma notas.

Evidencia	Notas
☐ el texto	
☐ fotografías y leyendas	
☐	

¡Escríbelo!

SECUENCIA DE SUCESOS

Responde a la pregunta 2 usando evidencia del texto.

_____

_____

_____

_____

_____

_____

_____

✓ **VOCABULARIO CLAVE**

apremiante
inspeccionar
manejo
punto de vista
representante

La Guerra de Independencia en el mar

1 Durante la Guerra de Independencia, los patriotas y los británicos tenían una cosa en común: ambos sentían una necesidad **apremiante** de controlar el mar. El control del mar era fundamental para suministrar provisiones a los ejércitos y para desplazar a los soldados de un lugar a otro.

¿Cuándo es apremiante ir al supermercado?

_____

_____

_____

2 Ambos bandos querían que sus viajes en barco fueran seguros. Los americanos querían enviar **representantes** a otros países para pedirles ayuda. Pero llegar hasta ellos era difícil.

¿Qué hacen los representantes estudiantiles de tu escuela?

_____

_____

_____

3 Muchos marineros americanos se unieron a la lucha, aunque no formaban parte de la marina oficial. Usaban sus propios barcos. Tomaban sus propias decisiones. Su **manejo** de las situaciones era admirable. ¡Luchaban por su libertad!

Escribe un sinónimo de la palabra manejo.

_____

4 Estos marineros **inspeccionaban** los mares. Buscaban barcos británicos y los capturaban. Para los británicos era más difícil seguir en la guerra sin los barcos.

Si inspeccionases las paredes de tu salón de clases, ¿qué verías?

_____

_____

_____

5 La marina oficial americana no tenía muchos barcos. Los historiadores dicen que esa fue la razón por la que fueron necesarios muchos barcos privados. Desde su **punto de vista**, los barcos y marineros privados ayudaron a América a ganar la guerra.

¿Cuál era el punto de vista de los británicos sobre el hecho de que los marineros americanos lucharan en la guerra?

_____

_____

_____

La historia de la cala de Bunker

por Mia Lewis

Jack Bunker era un viejo lobo de mar. Un viejo lobo de mar es un marinero que ha navegado durante muchos años. Jack era todavía joven, pero ya había navegado en muchos barcos.

Jack y su hermana Comfort vivían en Maine. Jack vivía en Cranberry Island, cerca de la costa. Comfort y su marido John vivían en la cala de Norwood, en una granja cerca del agua. Su hogar era feliz y tranquilo. No sentían una necesidad **apremiante** de mezclarse en política.

Detente Piensa Escribe

VOCABULARIO

Da un ejemplo de una necesidad <u>apremiante</u> que tenga tu comunidad.

_____

_____

_____

La vida en Maine era pacífica. Sin embargo, en otras partes de Nueva Inglaterra los colonos estaban furiosos con Gran Bretaña. Los colonos no tenían voz ni voto en las leyes que los británicos les imponían. Dado que no podían tener **representantes**, los colonos patriotas querían independizarse de los británicos. Los soldados británicos navegaron hasta América para detener a los patriotas. Era 1775, y la Guerra de Independencia había comenzado.

Detente   Piensa   Escribe

CAUSA Y EFECTO

¿Por qué los británicos necesitaban enviar soldados a las colonias?

_____

_____

_____

Un día, John y Comfort fueron a visitar a unos amigos. Mientras estaban fuera, llegó un barco británico. Los británicos mataron las vacas de la granja y quemaron la casa. Dejaron una nota que decía: "¡Muérete de hambre!".

Jack estaba furioso con la conducta de los británicos. Decidió hacer algo. Él y un amigo viajaron durante muchos días en canoa hasta que encontraron un gran barco británico llamado el *Falmouth Packet*. Estaba anclado cerca de la costa, lleno de comida y provisiones. La tripulación estaba en tierra. Jack tomó una decisión rápida. Su **manejo** de la situación sorprendió a los británicos.

Detente Piensa Escribe

VOCABULARIO

Comenta algún caso en el que tu <u>manejo</u> de la situación haya sido admirable.

_____

_____

_____

Él y su amigo subieron al barco y desplegaron las velas. Navegaron hasta la cala de Norwood y le dieron todas las provisiones a Comfort. Luego Jack decidió esconder el barco. No quería que los británicos pudiesen usarlo para luchar contra los patriotas.

Con la ayuda de muchos amigos, Jack llevó el barco hasta el mar. Había muchos buques de guerra británicos por ahí. Un capitán **inspeccionó** el mar y vio a Jack. Empezó a perseguir el lento barco de mercancías. Jack era un buen marinero. Sabía cómo hacer que el *Falmouth Packet* fuese más rápido. ¿Pero sería lo bastante rápido?

Detente **Piensa** **Escribe**

CAUSA Y EFECTO

¿Cómo se las arregló Jack para tomar el *Falmouth Packet* con tanta facilidad?

_____

_____

_____

A Jack se le ocurrió esconder el barco en un lugar especial. Lo condujo hasta una pequeña cala. Los británicos no vieron adónde había ido el barco. Pero entonces, Jack y sus amigos decidieron cortar los mástiles, y los británicos los vieron caer. Habían descubierto dónde escondían el *Falmouth Packet*.

Detente   Piensa   Escribe

CAUSA Y EFECTO

¿De qué manera le ayudó a Jack su destreza como marinero y su conocimiento de la costa?

_____

_____

_____

Al principio, el capitán británico no quería navegar hasta la cala. Su **punto de vista** era que el barco era demasiado grande y las rocas lo hundirían. Finalmente, él y unos cuantos hombres fueron remando hasta la cala en un bote pequeño. Buscaron por todas partes, pero no vieron ni a Jack ni al *Falmouth Packet*.

Jack y sus amigos habían llevado el *Falmouth Packet* cerca de tierra. Habían hecho un agujero en la parte inferior del barco y lo habían hundido en el barro. Luego lo habían cubierto con ramas de árboles y algas marinas.

Detente   Piensa   Escribe

INFERIR Y PREDECIR

¿Por qué Jack y sus amigos hundieron el *Falmouth Packet*?

_____

_____

Jack y sus amigos escaparon en dos botes. Remaban durante la noche y se escondían durante el día. Después de un largo viaje, llegaron a casa.

Estos hombres audaces ayudaron a los patriotas a luchar contra los británicos. Finalmente, Estados Unidos ganó la guerra. Las colonias eran libres.

Jack siguió navegando. ¡Había nacido para ser un viejo lobo de mar! Actualmente, la pequeña cala donde Jack escondió el *Falmouth Packet* se conoce como la cala de Bunker.

Detente **Piensa** **Escribe**

CONCLUSIONES Y GENERALIZACIONES

¿Qué hizo Jack cuando acabó la Guerra de Independencia?

_____

_____

_____

1 ¿Qué hicieron los soldados británicos para enfurecer a Jack?

_____

_____

_____

Pista

Busca pistas en la página 106.

2 ¿Por qué Jack llevo el *Falmouth Packet* a la cala Norwood?

_____

_____

_____

Pista

Busca una pista en la página 107.

3 Escribe tres palabras que describan a Jack.

_____

_____

_____

Pista

Puedes encontrar pistas a lo largo de todo el cuento.

4 ¿Cómo ayudaron Jack y sus amigos a los patriotas a defenderse de los británicos?

_____

_____

_____

Pista

Piensa en qué habría pasado si Jack NO hubiera tomado el barco británico de provisiones.

¡Hazte un detective de la lectura!

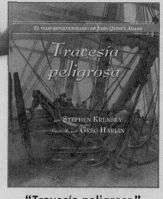

Vuelve a

"Travesía peligrosa"
Libro del estudiante,
págs. 327–339

1. **El barco *Boston* queda atrapado en una tormenta severa. ¿Cuál es el efecto principal de la tormenta?**

   ☐ Johnny puede ver una medusa.

   ☐ Los Adams nunca llegan a Francia.

   ☐ El *Boston* se sale cientos de millas fuera de su curso.

¡Pruébalo! ¿Qué evidencia de la selección apoya tu respuesta? Marca las casillas. ☑ Toma notas.

Evidencia	Notas
☐ cuánto dura la tormenta	
☐ la violencia de la tormenta	
☐ cómo el autor describe el fin de la tormenta	

¡Escríbelo!

CAUSA Y EFECTO

Responde a la pregunta ① usando evidencia del texto.

_____

_____

_____

_____

_____

_____

111A

2 **¿Qué es lo más importante que el autor quiere que los lectores entiendan sobre el padre de Johnny, John Adams?**

☐ Él se aburre fácilmente.

☐ Él se preocupa por la justicia.

☐ Él viaja a Francia.

¡Pruébalo! ¿Qué evidencia de la selección apoya tu respuesta? Marca las casillas. ☑ Toma notas.

Evidencia	Notas
☐ lo que dice Adams	
☐ la razón de su viaje	
☐ la manera en que la selección termina	

¡Escríbelo!

PROPÓSITO DEL AUTOR

Responde a la pregunta **2** usando evidencia del texto.

_____

_____

_____

_____

_____

_____

_____

✓ VOCABULARIO CLAVE

beneficio

resistirse

rebelde

revocar

ventaja

¡Los americanos se sublevan!

Los colonos americanos tenían que pagar impuestos a los británicos. Había impuestos sobre artículos como el cristal, la pintura, el papel y el té. Muchos colonos **se resistían** a pagar estos impuestos. Creían que los americanos no obtenían ningún **beneficio** de ese dinero. Se iba todo a Gran Bretaña.

Los colonos **rebeldes** estaban cansados de que un gobierno lejano les dijera lo que tenían que hacer. Así que protestaron contra los impuestos y exigieron que los británicos **revocasen** las leyes que los regían. De esa manera, no tendrían que pagarles impuestos a los británicos.

Los británicos no iban a permitir que los colonos se gobernasen a sí mismos. Los americanos querían un cambio. Iniciaron una revolución. Tenían algunas **ventajas** sobre los británicos. Conocían el territorio. Creían en su causa.

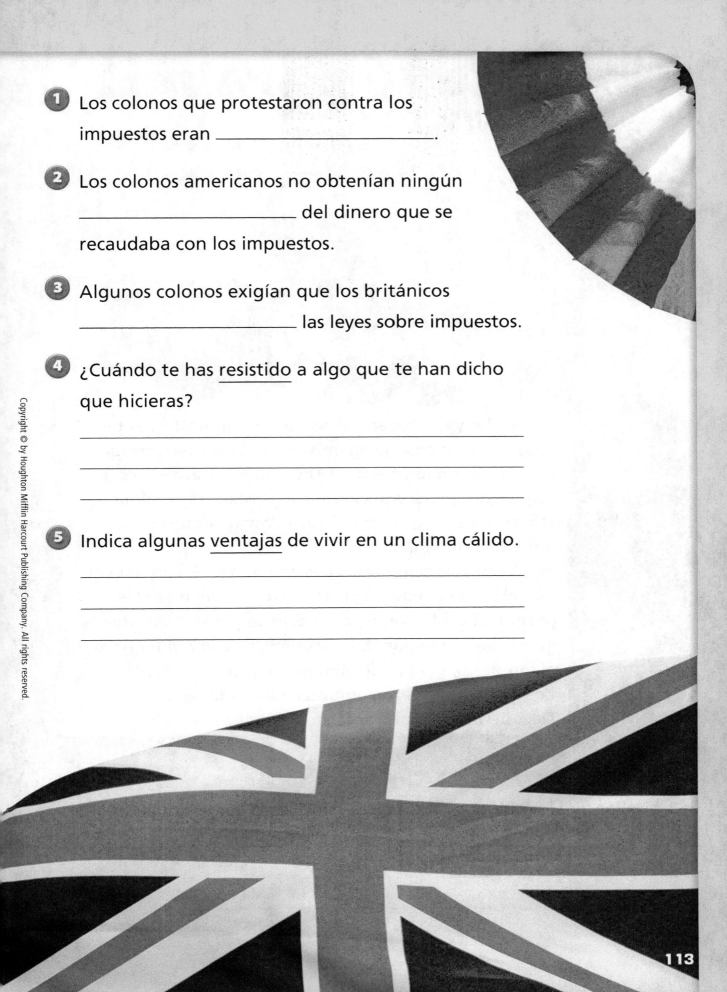

1. Los colonos que protestaron contra los impuestos eran _____.

2. Los colonos americanos no obtenían ningún _____ del dinero que se recaudaba con los impuestos.

3. Algunos colonos exigían que los británicos _____ las leyes sobre impuestos.

4. ¿Cuándo te has resistido a algo que te han dicho que hicieras?

   _____

   _____

   _____

5. Indica algunas ventajas de vivir en un clima cálido.

   _____

   _____

   _____

¡Nada de té para mí!

por Laurie Rozakis

—El rey ha gravado el papel con impuestos. El rey ha gravado el cristal con impuestos. El rey ha gravado la pintura con impuestos. ¡Ahora el rey grava el té con impuestos! ¡No los pagaremos! —gritaron los colonos americanos—. ¡Queremos que el rey **revoque** estos impuestos tan injustos!

A muchos colonos les gustaba tomar té. Pero creían que el impuesto del té no era justo porque no se les permitía decidir cómo gastar esos impuestos. Así que la gente dejó de tomar té. Los británicos bajaron un poco el impuesto, pero no lo eliminaron completamente. Los colonos se fueron enfureciendo cada vez más. Decidieron no comprar té en absoluto.

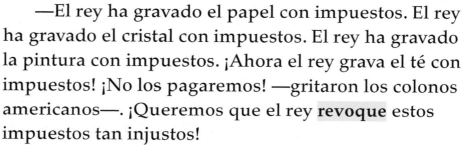

Detente Piensa Escribe

CAUSA Y EFECTO

¿Por qué los colonos creían que el impuesto del té era injusto?

_____

_____

_____

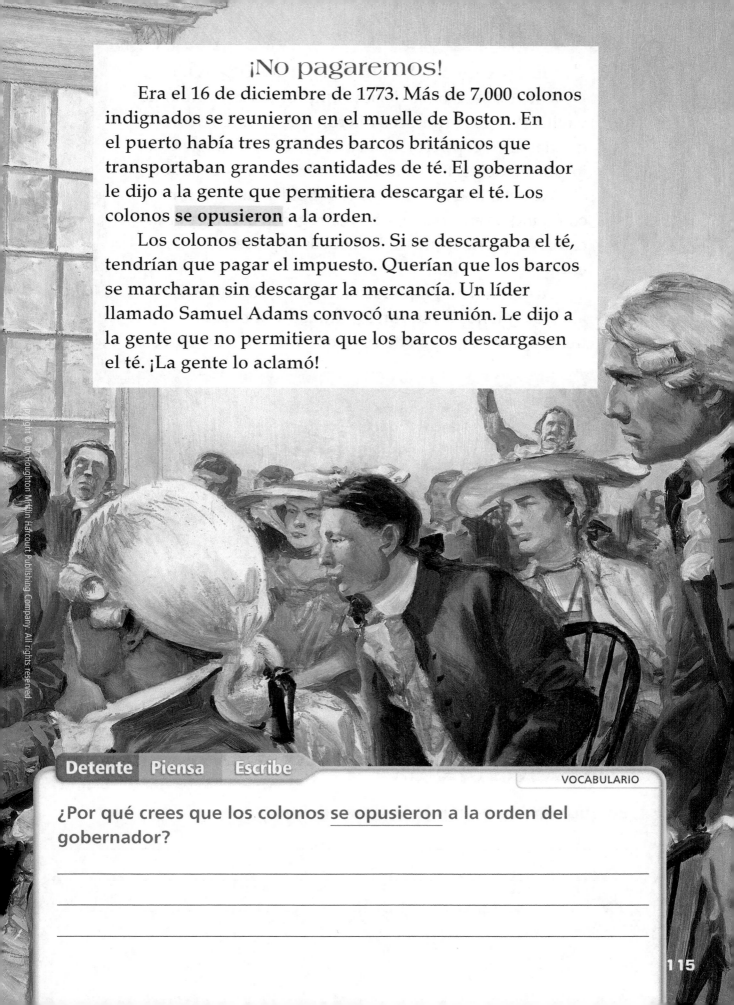

¡No pagaremos!

Era el 16 de diciembre de 1773. Más de 7,000 colonos indignados se reunieron en el muelle de Boston. En el puerto había tres grandes barcos británicos que transportaban grandes cantidades de té. El gobernador le dijo a la gente que permitiera descargar el té. Los colonos **se opusieron** a la orden.

Los colonos estaban furiosos. Si se descargaba el té, tendrían que pagar el impuesto. Querían que los barcos se marcharan sin descargar la mercancía. Un líder llamado Samuel Adams convocó una reunión. Le dijo a la gente que no permitiera que los barcos descargasen el té. ¡La gente lo aclamó!

Detente **Piensa** **Escribe**

VOCABULARIO

¿Por qué crees que los colonos se opusieron a la orden del gobernador?

_____

_____

_____

Los colonos pasan a la acción

Uno de los barcos decidió emprender el camino de vuelta. Pero los británicos dijeron que el barco debía quedarse en el puerto hasta que los colonos pagasen el impuesto del té. Los colonos elaboraron un plan audaz.

Aquella noche, los colonos **rebeldes** se vistieron como indios americanos. Se restregaron carbón por la cara. No querían que los británicos supiesen quiénes eran.

Armados con pequeñas hachas y gritando muy alto, los colonos asaltaron los muelles. Al mismo tiempo, varios grupos de colonos subieron a los barcos.

Detente | Piensa | Escribe

VOCABULARIO

¿En qué sentido eran <u>rebeldes</u> los colonos?

_____

_____

_____

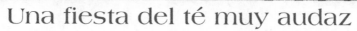

Una fiesta del té muy audaz

Los hombres consiguieron las llaves de las escotillas y abrieron las puertas de los almacenes. Tomaron las cajas de té y les hicieron agujeros para que no flotaran en el agua. Sus hachas se clavaron en la madera seca. Luego lanzaron las cajas de té por la borda.

Al día siguiente todavía había algo de té flotando en el agua. Los hombres golpearon las cajas con palas para hundirlas. No querían que se salvase nada del té.

Detente Piensa Escribe

CAUSA Y EFECTO

¿Por qué los colonos tiraron todo el té en el puerto de Boston?

_____

_____

_____

117

Los británicos castigan a los colonos

Los barcos británicos dejaron tranquilos a los colonos. Pero el rey británico, no. En Inglaterra, el rey Jorge estaba muy, pero muy enfadado. No le había gustado nada esa "fiesta del té". No le había gustado la manera en que habían actuado los colonos. Sus acciones no comportaban ningún **beneficio** para él ni para su país.

Así fue que ordenó cerrar el puerto de Boston. Eso significaba que ninguna mercancía podría entrar en Boston por mar. El rey Jorge también les quitó a los colonos muchos derechos.

Detente Piensa Escribe

HECHOS Y OPINIONES

¿Qué opinaba el rey sobre las acciones de los colonos? Explica tu respuesta.

_____

_____

_____

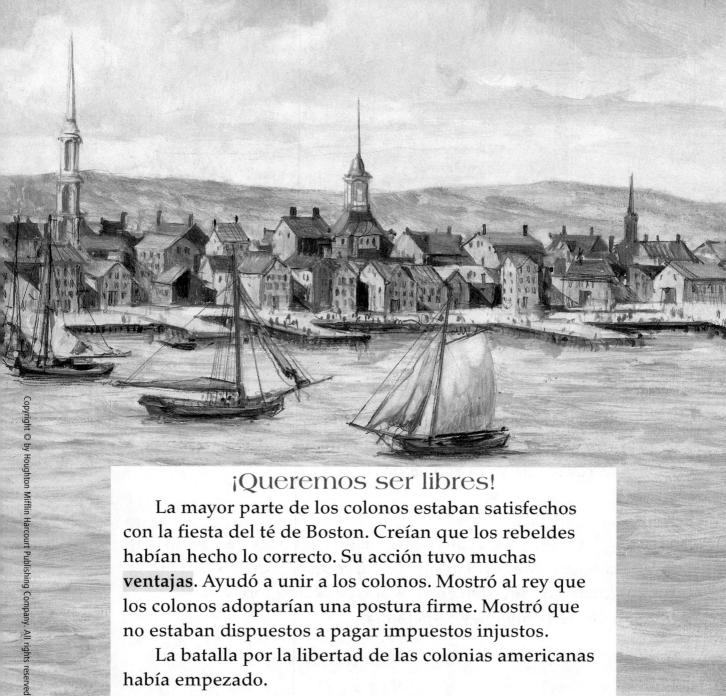

¡Queremos ser libres!

La mayor parte de los colonos estaban satisfechos con la fiesta del té de Boston. Creían que los rebeldes habían hecho lo correcto. Su acción tuvo muchas **ventajas**. Ayudó a unir a los colonos. Mostró al rey que los colonos adoptarían una postura firme. Mostró que no estaban dispuestos a pagar impuestos injustos.

La batalla por la libertad de las colonias americanas había empezado.

Detente Piensa Escribe

VOCABULARIO

Indica algunas ventajas de las acciones de los colonos.

_____

_____

_____

"El té de la libertad"

La planta del té no crece en América. Sin embargo, en 1776 algunos colonos empezaron a preparar su propio té mezclando diferentes plantas y flores. Usaban pétalos de rosa, menta y hojas de frambuesa.

Una manera de dar apoyo

América tenía 13 colonias. Para apoyar la libertad, algunas mujeres se hicieron un nuevo peinado. Tenía 13 rizos, uno por cada colonia.

Mira cómo hemos crecido

En 1773, había alrededor de dos millones de colonos viviendo a lo largo de la costa del océano Atlántico. Hoy, solo en el estado de Nueva York viven más de 19 millones de personas.

Detente Piensa Escribe

INFERIR Y PREDECIR

¿De qué manera estos hechos te ayudan a comprender la vida en las colonias americanas?

_____

_____

_____

Vuelve a leer y responde

1 ¿Qué opinaban los colonos sobre las acciones del rey?

_____

_____

_____

Pista

Busca una pista en la página 114.

2 ¿Qué hechos te indican cómo castigaba el rey a los colonos?

_____

_____

_____

Pista

Busca pistas en la página 118.

3 La Fiesta del Té de Boston es una de las cosas más valientes que han hecho los estadounidenses. Esta oración, ¿es un hecho o una opinión? Explica tu respuesta.

_____

_____

_____

Pista

Recuerda que un hecho puede probarse, pero una opinión no.

4 ¿Cómo podían justificar los británicos la opinión de que los colonos debían pagar impuestos?

_____

_____

_____

Pista

Piensa para qué usa un gobierno los impuestos.

¡Hazte un detective de la lectura!

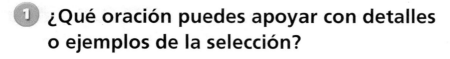

¿Puedes hacer que se comporten, rey Jorge?
por Jean Fritz
ilustrado por Tomie dePaola

"¿Puedes hacer que se comporten, rey Jorge?"
Libro del estudiante,
págs. 359–369

1 **¿Qué oración puedes apoyar con detalles o ejemplos de la selección?**

☐ El rey Jorge era un gran rey.

☐ Al rey Jorge le gustaban los colonos.

☐ El rey Jorge trató de controlar las colonias estadounidenses.

¡Pruébalo! ¿Qué evidencia de la selección apoya tu respuesta?
Marca las casillas. ☑ Toma notas.

Evidencia	Notas
☐ los pensamientos del rey Jorge	
☐ las acciones del rey Jorge con los impuestos	
☐ las acciones militares del rey Jorge	

¡Escríbelo!

HECHO Y OPINIÓN

Responde a la pregunta **1** usando evidencia del texto.

_____

_____

_____

_____

_____

_____

_____

2 **¿Cuál es la idea principal de esta selección?**

☐ Un rey fuerte puede forzar a su gente a obedecerlo.

☐ Si la gente no cree que su gobierno es justo, se va a rebelar.

☐ A los estadounidenses nunca les gustó mucho el té.

¡Pruébalo! ¿Qué evidencia de la selección apoya tu respuesta? Marca las casillas. ☑ Toma notas.

Evidencia	Notas
☐ lo que el rey Jorge decía y pensaba	
☐ cómo los estadounidenses respondieron a las acciones del rey	
☐ los resultados de la Revolución americana	

¡Escríbelo!

IDEAS PRINCIPALES Y DETALLES

Responde a la pregunta 2 usando evidencia del texto.

_____

_____

_____

_____

_____

_____

enemigo
estrategia
formal
guerra
retirarse

Las mujeres en **tiempos** revolucionarios

① La **guerra** no solo es difícil para los soldados. La revolución colonial también fue dura para las familias. Las mujeres tuvieron que hacer todo el trabajo de los hombres mientras estos estaban fuera.

¿Qué diferencia hay entre una guerra o una revolución y un cambio pequeño?

_____

_____

_____

② Algunos americanos apoyaron a los patriotas durante la guerra. Querían que las colonias fueran libres. Sus **enemigos** eran los británicos. Pero hubo otros americanos, los lealistas, que siguieron siendo leales al rey Jorge y apoyaron a los británicos.

Escribe un sinónimo de la palabra enemigos.

_____

_____

_____

3 La guerra fue larga y dura. Se tardaba mucho tiempo en desplazar las tropas de un lugar a otro. Los generales tenían que hacer planes. Necesitaban una buena **estrategia** para cada batalla.

¿Qué tipo de detalles crees que ha de incluir un general en la <u>estrategia</u> de una batalla?

_____

_____

_____

4 Cuando el ejército británico se dirigía a una ciudad, la gente que vivía en ella tenía que tomar una decisión. ¿Debían quedarse? ¿Debían marcharse? Muchas personas **se retiraban** a la seguridad antes de que llegase el ejército.

¿<u>Te retirarías</u> si el ejército británico estuviese a punto de llegar a tu ciudad? Explica tu respuesta.

_____

_____

_____

5 Muchos hombres se unieron al ejército. A menudo no había tiempo para un entrenamiento **formal**. Los hombres tenían que empezar a luchar inmediatamente. Para colmo, el ejército andaba escaso de material. Algunos soldados ni siquiera tenían zapatos.

En general, ¿crees que es útil que los soldados reciban un entrenamiento <u>formal</u>? ¿Por qué?

_____

_____

_____

Las mujeres de la Guerra de Independencia

por Mia Lewis

La lucha contra los británicos recayó principalmente en los hombres. Pero las mujeres, tanto jóvenes como mayores, también tomaron parte en la **guerra**. Hicieron muchas cosas que ayudaron a ganarla.

Las mujeres dejaron de comprar productos británicos. Fabricaban su propia ropa. Mantuvieron en funcionamiento las granjas familiares mientras los hombres luchaban.

Las mujeres proporcionaban alimentos y refugio a las tropas. Daban consejo y apoyo a los hombres. Algunas mujeres trabajaron como espías, y unas pocas tomaron las armas.

Detente   Piensa   Escribe

CONCLUSIONES Y GENERALIZACIONES

En general, ¿las mujeres ayudaron a los patriotas luchando o realizando otras tareas? Explica tu respuesta.

_____

_____

_____

Lydia Darragh vivía en Filadelfia. Los británicos se hicieron con el control de la ciudad en 1777. Muchos patriotas huyeron, pero Lydia y su familia decidieron quedarse.

El general Howe dirigía las tropas británicas. Él y sus hombres convocaron una reunión en el comedor de los Darragh. Se ordenó a Lydia y a su familia que se fueran a dormir. Sin embargo, Lydia se quedó despierta. Escuchó la conversación de los británicos a través del ojo de la cerradura. ¡Estaban planeando un ataque sorpresa contra los patriotas!

Detente Piensa Escribe

CONCLUSIONES Y GENERALIZACIONES

¿Qué conclusiones puedes extraer sobre Lydia a partir de sus acciones?

_____

_____

_____

Lydia dijo que necesitaba harina, así que los británicos le dieron permiso para salir de la ciudad. Dejó el saco de harina en el molino y siguió caminando. Caminó hasta que encontró a su amigo Thomas Craig.

Craig formaba parte del ejército colonial. Lydia le contó lo que había oído. Luego, recogió la harina y volvió a casa. Craig transmitió el aviso.

Cuando los británicos llegaron, los americanos estaban preparados para el ataque de sus **enemigos**. Howe tuvo que **retirarse** sin realizar un solo disparo. Aquel día, Lydia salvó a los patriotas.

Detente   Piensa   Escribe

VOCABULARIO

¿Cómo puedes convertir a tus enemigos en amigos?

_____

_____

_____

Deborah Sampson quería luchar contra los británicos. Las mujeres no podían unirse al ejército, así que su **estrategia** fue ¡hacerse pasar por un hombre! Firmaba como Robert Shurtleff. Se vestía como un hombre y luchaba con valentía. Nadie en el ejército conocía su secreto.

Deborah participó en varias batallas. Fue herida en más de una ocasión. Una vez permitió que el médico del ejército le curase un corte profundo en la cabeza. Pero escondió las otras heridas por miedo a que los médicos descubriesen que era una mujer.

Detente   Piensa   Escribe

VOCABULARIO

Describe una buena <u>estrategia</u> para conseguir que un amigo te ayude a hacer unos deberes difíciles.

_____

_____

_____

Un día, Deborah enfermó gravemente. Le subió mucho la fiebre. El médico que la trató descubrió su secreto, pero no dijo nada. Cuidó de ella hasta que se recuperó completamente.

"Robert Shurtleff" se licenció con honores del ejército. Deborah se puso su ropa y volvió a casa. Más tarde se casó y tuvo tres hijos. Deborah solicitó una pensión por su servicio en el ejército. Fue la primera mujer en conseguir una pensión del ejército.

Detente   Piensa   Escribe

CONCLUSIONES Y GENERALIZACIONES

¿Qué dirías de las mujeres que lucharon disfrazadas como hombres?

_____

_____

_____

Abigail Adams era la mujer de John Adams. John fue uno de los padres fundadores. Viajó a Francia para hablar en nombre de América. Fue nuestro primer vicepresidente y nuestro segundo presidente.

John Adams fue un héroe. Ayudó a llevar a cabo una revolución en América. ¡Pero Abigail también fue una heroína! Defendió los derechos de las mujeres. Aconsejaba a su marido. Él siempre la escuchaba y decía que Abigail era uno de sus mejores consejeros.

JOIN, or DIE.

Detente   Piensa   Escribe

COMPRENDER A LOS PERSONAJES

¿Cómo puedes saber que Abigail Adams era una buena compañera para su marido John Adams?

_____

_____

_____

A veces, John Adams tenía que ausentarse de casa, así que Abigail y John se escribían cartas. Eran cartas amistosas, y no eran muy **formales**. En ellas incluían noticias y consejos. Abigail y John se escribieron muchas cartas a lo largo de los años.

Hay una carta muy famosa que Abigail escribió a John. John llevaba mucho tiempo fuera de casa, trabajando con los hombres del Congreso. Estaban planificando el futuro de Estados Unidos. Abigail le envió una carta que decía: "¡Acordaos de las damas!"

Detente   Piensa   Escribe

INFERIR Y PREDECIR

¿Qué crees que quería decir Abigail Adams cuando exclamó: "¡Acordaos de las damas!"?

_____

_____

_____

Vuelve a leer y responde

1 ¿Qué importancia tuvo lo que hizo Lydia Darragh?

_____

_____

_____

Pista

Busca pistas en las páginas 125 y 126.

2 ¿Fue Deborah Sampson una soldado valiente?

_____

_____

_____

Pista

Busca pistas en la página 127.

3 ¿Cómo ayudó Abigail Adams a su país?

_____

_____

_____

Pista

Busca pistas en las páginas 129 y 130.

4 En general, ¿cómo describirías a las mujeres patriotas?

_____

_____

_____

Pista

Busca pistas en todas las páginas.

¡Hazte un detective de la lectura!

Vuelve a

"Se llamaba Molly LaJarra"
Libro del estudiante,
págs. 393–403

1 ¿Qué generalización puedes hacer sobre las mujeres que eran seguidoras del campamento?

☐ Estorbaban.

☐ Ayudaban a los soldados de muchas maneras.

☐ Se quedaban lejos de los peligrosos campos de batalla.

¡Pruébalo! ¿Qué evidencia de la selección apoya tu respuesta? Marca las casillas. ☑ Toma notas.

Evidencia	Notas
☐ detalles sobre lo que las seguidoras de los campamentos hacían	
☐ las acciones de Molly	
☐	

The unanimous Declaration of the thirteen united States of America

¡Escríbelo!

CONCLUSIONES Y GENERALIZACIONES

Responde a la pregunta **1** usando evidencia del texto.

_____

_____

_____

_____

_____

_____

2 **¿Por qué el ejército británico se retiró del campo de batalla?**

☐ No esperaban que los estadounidenses pelearan tan bien.

☐ Se negaban a pelear contra mujeres.

☐ Los soldados de George Washington tenían mejores armas.

¡Pruébalo! ¿Qué evidencia de la selección apoya tu respuesta?
Marca las casillas. ☑ Toma notas.

Evidencia	Notas
☐ detalles sobre los dos ejércitos	
☐ detalles sobre George Washington	
☐ detalles sobre la retirada	

¡Escríbelo!

CAUSA Y EFECTO

Responde a la pregunta 2 usando evidencia del texto.

_____

_____

_____

_____

_____

_____

_____

_____

Lección 14

✓ **VOCABULARIO CLAVE**

aprendiz
aspecto
contribución
influyente
provisiones

La vida en el Valle Forge

Comprueba la repuesta.

1 El hombre más _____ del Valle Forge era George Washington, el general del ejército continental.

☐ **apremiante**   ☐ **influyente**   ☐ **agitado**

2 Un joven que aprendiese a herrar los caballos en el campamento sería un _____ de herrero.

☐ **guardián**   ☐ **aprendiz**   ☐ **representante**

3 Construir cabañas, entrenarse para la batalla y desfilar eran _____ de la vida de un soldado en el Valle Forge.

☐ **aspectos**   ☐ **provisiones**   ☐ **representantes**

4 En el Valle Forge casi no había _____ tales como ropa o comida.

☐ **aspectos**   ☐ **ventajas**   ☐ **provisiones**

5 Una de las mayores _____ al ejército fue realizada por el barón von Steuben, quien enseñó a los soldados a luchar como una única fuerza.

☐ **representantes** ☐ **contribuciones** ☐ **provisiones**

6 Indica algunos aspectos de tu vida como estudiante.

_____

_____

_____

7 Describe la manera en que alguien influyente cambió tu manera de pensar.

_____

_____

_____

8 ¿Qué contribuciones haces a tu comunidad?

_____

_____

_____

El sueño de Nero Hawley

por Joe Brennan

La Guerra de Independencia había comenzado. En todo el país, los patriotas luchaban por la libertad. Los británicos se defendían.

Al principio, no todo el mundo podía unirse a la causa de los patriotas. Muchos líderes patriotas no querían que los negros tomasen parte en ella, ya fueran libres o esclavos. Los británicos, en cambio, ofrecieron la libertad a todos los esclavos que se unieran a su bando.

Detente   Piensa   Escribe

CAUSA Y EFECTO

¿Qué razón podían tener los líderes patriotas para no querer a todo el mundo en el ejército?

_____

_____

_____

Esto preocupó a los patriotas. Necesitaban más hombres, así que permitieron que los negros libres se unieran a ellos. Asimismo, algunos blancos que no querían ir a la guerra enviaron esclavos en su lugar.

Nero Hawley era uno de estos esclavos. Había trabajado en un aserradero en Connecticut. En el otoño de 1777, su amo le envió a unirse al ejército.

Detente   Piensa   Escribe

CAUSA Y EFECTO

¿Cómo terminaron los esclavos luchando con los patriotas?

_____

_____

_____

Los patriotas prometieron liberar a todos los esclavos que luchasen en su bando. Durante toda la guerra, Hawley esperó el momento en que se cumpliese esta promesa. Aguardaba impaciente el día en que dejaría de ser un esclavo.

Algunos **aspectos** de la vida en el ejército eran nuevos para Hawley. Como soldado, recibía una pequeña paga cada mes. Antes nunca le habían pagado. Comía y trabajaba con los otros soldados. Antes solo trabajaba con otros esclavos.

Detente Piensa Escribe

VOCABULARIO

¿Qué <u>aspectos</u> de la vida en el ejército te resultarían nuevos?

_____

_____

_____

Hawley fue enviado a Pennsylvania. Allí se unió a las tropas del general George Washington. Washington era uno de los líderes más **influyentes** de la revolución. Dirigía a un gran ejército de soldados.

Washington ordenó a sus tropas que acampasen en el Valle Forge. Mientras el ejército acampaba, empezó a caer la nieve. Y siguió cayendo. Los soldados comprendieron que el invierno iba a ser largo y duro.

Detente Piensa Escribe

VOCABULARIO

¿Quién es <u>influyente</u> en tu vida? Explica tu respuesta.

_____

_____

_____

El invierno en el Valle Forge fue aún más duro de lo que esperaban los soldados. Hawley compartía cabaña con otros doce soldados. La nieve caía y se fundía. Caía más nieve. Y se fundía. Los hombres no podían mantenerse secos. El ejército empezó a quedarse sin **provisiones**. Apenas había comida o ropa. Muchos soldados no tenían zapatos y las cabañas estaban heladas.

Detente Piensa Escribe

CAUSA Y EFECTO

¿Por qué los soldados no podían mantenerse secos?

_____

_____

_____

Había alrededor de 500 simpatizantes en el Valle Forge. Eran esposas, hermanas e hijos de los soldados. Hacían importantes **contribuciones** al ejército: cuidaban a los soldados heridos, cocinaban, lavaban la ropa e iban por agua.

Aun así, cerca de 3,000 soldados murieron por culpa de las enfermedades. Nero Hawley fue uno de los afortunados supervivientes.

Detente   Piensa   Escribe

INFERIR Y PREDECIR

¿Qué otras cosas podrían haber hecho los simpatizantes para ayudar a los soldados?

_____

_____

_____

En octubre de 1781, esta guerra larga y terrible llegó a su fin. Los británicos se rindieron. Las colonias consiguieron la libertad y pudieron autogobernarse.

El sueño de libertad de Nero Hawley también se hizo realidad. Había sobrevivido a muchas batallas y regresó a Connecticut como un hombre libre. Trabajó como **aprendiz** y llegó a convertirse en un experto fabricante de ladrillos. Hawley vivió hasta los 75 años.

Detente **Piensa** **Escribe**

SECUENCIA DE SUCESOS

Hawley pasó el invierno en el Valle Forge, ¿antes o después de octubre de 1781? Explica tu respuesta.

_____

_____

_____

Vuelve a leer y responde

1 ¿Quién estaba al mando del ejército al que se unió Nero Hawley?

_____

_____

_____

Pista

Busca una pista en la página 137.

2 ¿Qué le ocurrió a Nero Hawley cuando regresó a casa después de la guerra?

_____

_____

_____

Pista

Busca una pista en la página 140.

3 ¿Qué provocó tantas muertes en el Valle Forge?

_____

_____

_____

Pista

Busca pistas en las páginas 138 y 139.

4 Escribe estos sucesos de la vida de Hawley de forma ordenada: trabaja como fabricante de ladrillos; acampa en el Valle Forge; trabaja en un aserradero; se une al ejército de Washington.

_____

_____

_____

Pista

Busca pistas en todo el relato.

¡Hazte un detective de la lectura!

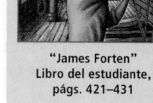

"James Forten"
Libro del estudiante,
págs. 421–431

1 **¿Qué suceso tuvo lugar antes de la batalla naval con el *Active*?**

☐ El *Royal Louis* se rindió.

☐ Forten hizo pequeños trabajos para Robert Bridges.

☐ Forten fue encarcelado en el *Jersey*.

¡Pruébalo! ¿Qué evidencia de la selección apoya tu respuesta?
Marca las casillas. ☑ Toma notas.

Evidencia	Notas
☐ las ilustraciones	
☐ detalles anteriores a la batalla naval	
☐ detalles posteriores a la batalla naval	

¡Escríbelo!

SECUENCIA DE SUCESOS

Responde a la pregunta **1** usando evidencia del texto.

_____

_____

_____

_____

_____

_____

_____

_____

2 **¿Cuál de las siguientes es una opinión?**

☐ James Forten no fue un héroe.

☐ Forten aprendió a leer en una escuela cuáquera.

☐ Forten se convirtió en un hombre adinerado.

¡Pruébalo! ¿Qué evidencia de la selección apoya tu respuesta? Marca las casillas. ☑ Toma notas.

Evidencia	Notas
☐ la idea del autor de lo que es un héroe	
☐ detalles sobre la educación de Forten	
☐ detalles sobre la vida posterior de Forten	

¡Escríbelo!

HECHO Y OPINIÓN

Responde a la pregunta **2** **usando evidencia del texto.**

_____

_____

_____

_____

_____

_____

141B

Los niños *del* siglo XVIII

En el siglo XVIII, los niños vestían como sus padres. No les compraban zapatos nuevos muy a menudo, porque los zapatos eran caros. Todos los zapatos eran iguales, tanto si eran para el pie izquierdo como si eran para el derecho. ¡Era muy fácil **organizarlos**!

Muchos pueblos no tenían escuela. Y si la tenían, los niños con edades entre los seis y los doce años compartían la misma aula. ¡No era una manera muy **eficiente** de aprender!

La mayoría de los niños tenían que trabajar haciendo aburridas tareas domésticas, algo que resultaba **agotador**. A los nueve años, los niños empezaban a aprender un oficio. Las niñas se quedaban en casa fabricando ropa, velas y jabón.

Muchos colonos vivían en granjas **rurales**. Todos los niños de estas zonas, incluso los más pequeños, trabajaban en el campo.

Algunos niños de 12 años sirvieron en el ejército como tamborileros durante la Guerra de Independencia. El tamborilero guiaba **personalmente** a los soldados a la batalla.

1. Juntar niños de todas las edades en el mismo salón de clases no es una manera muy _____ de aprender.

2. Es fácil _____ los zapatos si son todos iguales.

3. Gran parte del trabajo que hacían los niños era _____.

4. Menciona algo que le guste a la mayoría de la gente, pero que a ti <u>personalmente</u> no te guste.

_____
_____
_____

5. ¿Qué esperarías encontrar en un área <u>rural</u>?

_____
_____
_____

El carpintero y el tamborilero

por Duncan Searl

John Potter llevaba tablones para el nuevo barco de su tío. Solo tenía doce años, pero ya era un buen carpintero. Había ayudado **personalmente** a construir tres barcos en el astillero de su tío, en el puerto de Bristol, Rhode Island.

Todos esos barcos habían sido quemados. El tío de John era un patriota, y los británicos estaban en guerra con los patriotas. A principios de ese año, los casacas rojas habían atacado Bristol y habían prendido fuego a los barcos.

Pero John y su tío no se desanimaron. Estaban construyendo un barco nuevo. Cuando estuviese listo, podrían volver a navegar. ¡A lo mejor hasta lucharían contra los casacas rojas en él!

Detente Piensa Escribe

CAUSA Y EFECTO

¿Qué razón podían tener los británicos para quemar los barcos de los patriotas?

_____

_____

_____

Thomas Strand era británico. Era tamborilero en el regimiento de su padre en Newport, Rhode Island. Siempre que los soldados marchaban, Thomas iba al frente. Una larga fila de casacas rojas seguían el firme ram-ratata-plan de su tambor.

—Thomas —le dijo el comandante británico una mañana—. ¡Reúne a los hombres! —Thomas empezó un largo redoble de tambor. Los casacas rojas se apresuraron a **organizarse** en formación.

—¡Nos dirigimos a Bristol! —dijo el comandante.

Detente   Piensa   Escribe

VOCABULARIO

¿Cómo se pueden <u>organizar</u> los soldados para colocarse en formación?

_____

_____

_____

La marcha a Bristol fue larga, calurosa y polvorienta. Thomas no se encontraba bien. Normalmente no había nada que le gustara más que tocar un redoble de marcha. Pero hoy esa tarea le estaba resultando **agotadora**.

En Bristol, John Potter estaba solo en el astillero. Vio llegar a los soldados británicos e intentó escapar, pero era demasiado tarde. Los casacas rojas lo capturaron y le ataron las manos.

Los soldados eran **eficientes**. No tardaron mucho en quemar el nuevo barco. Luego emprendieron la marcha de vuelta a Newport, con John de prisionero.

Detente **Piensa** **Escribe**

VOCABULARIO

¿En qué sentido son <u>eficientes</u> los soldados?

_____

_____

_____

Cuando John vio el humo del barco en llamas, sus ojos se llenaron de lágrimas. Ya no podría navegar con su tío. Peor aun, lo habían hecho prisionero. ¿Qué le harían los británicos? John empezó a sentirse mejor cuando se dio cuenta de que la marcha pasaría por delante de su casa. Tal vez podría cruzar una mirada con su madre o con su hermana antes de ir a la prisión británica.

Thomas Strand se encontraba cada vez peor. Mientras guiaba a los casacas rojas por un camino **rural**, empezó a sentir hambre y cansancio. Su redoble fue perdiendo fuerza gradualmente. Finalmente, dejó de sonar.

Detente Piensa Escribe

COMPARAR Y CONTRASTAR

¿Cuáles eran las razones por las que los dos chicos se sentían mal?

_____

_____

_____

Cuando los casacas rojas se acercaban a la granja de John, Thomas se desmayó y cayó al suelo. El comandante envió a dos de sus hombres a la casa en busca de agua.

Al principio, la Sra. Potter y su hija Eliza no mostraron mucho interés en ayudar a los casacas rojas. Pero entonces vieron al tamborilero enfermo tumbado en el camino.

—No es mucho mayor que nuestro John —dijo Eliza a su madre. Y le llevaron un poco de pan y té.

Detente Piensa Escribe

CAUSA Y EFECTO

¿Por qué la Sra. Potter y Eliza cambian de opinión respecto a ayudar a los casacas rojas?

_____

_____

_____

Por supuesto, la Sra. Potter no tardó en descubrir a su hijo.

—¡John! —gritó, corriendo hacia él—. ¿Por qué estás aquí con los casacas rojas?

—Soy su prisionero, madre —respondió en voz baja. La Sra. Potter se dirigió furiosa al comandante.

—¿Qué significa esto, señor? ¿Qué derecho tiene usted a hacer prisionero a mi hijo?

—Es una orden del rey, señora —contestó el comandante—. Quemar los barcos de Bristol y llevarnos a los patriotas como prisioneros. Estas son las órdenes que hemos recibido.

Detente   Piensa   Escribe

INFERIR Y PREDECIR

¿Por qué a la Sra. Potter le sorprende que John esté prisionero?

_____

_____

_____

La hermana de John, Eliza, habló en voz baja:

—Sé que el rey se sentiría agradecido si supiese que hemos ayudado a su tamborilero. Y creo que mostraría su agradecimiento dejando libre a mi hermano.

—No estoy muy seguro de lo que haría el rey —dijo el comandante—, pero liberaré a tu hermano.

John fue desatado y puesto en libertad. Él y su madre prometieron llevar a Thomas a Newport en cuanto se encontrase mejor.

Días más tarde, John y Eliza llevaron a Thomas en barca a Newport.

—Cuando termine la guerra —dijo Thomas— vendré a verlos. Tal vez pueda ayudarles a construir un barco nuevo.

—Tal vez —dijo John.

Detente   Piensa   Escribe

INFERIR Y PREDECIR

¿Crees que John y Thomas podrían ser amigos después de la guerra? Explica tu respuesta.

_____

_____

_____

Vuelve a leer y responde

1 ¿Por qué Thomas Strand hace de tamborilero para los británicos?

_____

_____

_____

Pista

Busca una pista en la página 145.

2 Compara cómo actúan la Sra. Potter y Eliza cuando descubren que los británicos han hecho prisionero a John.

_____

_____

_____

Pista

Busca pistas en las páginas 149 y 150.

3 ¿Qué espera John Potter que le ocurra, y qué le ocurre finalmente?

_____

_____

_____

Pista

Busca pistas en las páginas 147 y 150.

4 ¿Por qué crees que el comandante decide finalmente liberar a John?

_____

_____

_____

Pista

Busca pistas en las páginas 149 y 150.

¡Hazte un detective de la lectura!

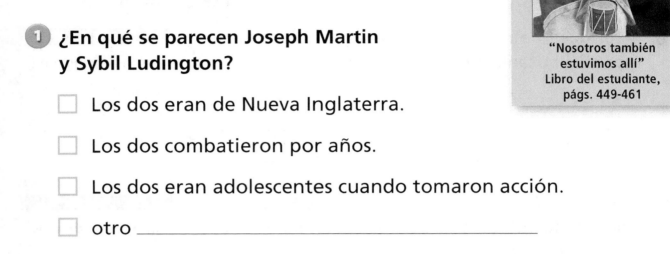

Vuelve a

"Nosotros también estuvimos allí"
Libro del estudiante, págs. 449-461

1 **¿En qué se parecen Joseph Martin y Sybil Ludington?**

☐ Los dos eran de Nueva Inglaterra.

☐ Los dos combatieron por años.

☐ Los dos eran adolescentes cuando tomaron acción.

☐ otro _____

¡Pruébalo! ¿Qué evidencia de la selección apoya tu respuesta?
Marca las casillas. ☑ Toma notas.

Evidencia	Notas
☐ detalles sobre Martin	
☐ detalles sobre Ludington	
☐	

¡Escríbelo!

COMPARAR Y CONTRASTAR

Responde a la pregunta 1 usando evidencia del texto.

_____

_____

_____

_____

_____

_____

2 **¿Qué generalización está apoyada por la selección?**

☐ La gente joven no formó parte de la Revolución Norteamericana.

☐ La gente que escribe sobre sus acciones recibe más honores que la que no.

☐ La batalla por la libertad toma lugar dentro y fuera del campo de batalla.

¡Pruébalo! ¿Qué evidencia de la selección apoya tu respuesta? Marca las casillas. ☑ Toma notas.

Evidencia	Notas
☐ lo que hicieron Ludington y Martin	
☐ los peligros que enfrentaron	
☐	

¡Escríbelo!

CONCLUSIONES Y GENERALIZACIONES

Responde a la pregunta 2 usando evidencia del texto.

_____

_____

_____

_____

_____

_____

_____

**episodio
hojear
increíblemente
lanzamiento
mental**

Haciendo

películas

1 Un director de cine ha decidido hacer una serie de televisión. Intentará **lanzar** el proyecto tan pronto como sea posible. Espera empezar en junio. Podrá comenzar tan pronto haya escogido a los actores principales.

¿Qué necesitarías para lanzar el proyecto de un club de vídeo en tu escuela?

_____

_____

_____

2 El director pasa las páginas del guión leyendo las primeras escenas. Primero **hojea** el guión y luego lo lee con detalle.

¿Cuánto tiempo se tarda en hojear una revista? ¿Mucho o poco?

_____

_____

_____

3 El director se crea una imagen **mental** del escenario. Puede verlo todo en su cabeza. Representa las escenas y piensa en todos los detalles.

Si creas una imagen <u>mental</u> de algo, ¿cómo podrías compartirla con otra persona?

_____

_____

_____

4 La serie tendrá mucha acción. Será **increíblemente** emocionante. El público no creerá lo que vean sus ojos.

Escribe otra palabra que signifique lo mismo que <u>increíblemente</u>.

_____

5 La serie constará de cinco **episodios**. Cada episodio explicará una historia, pero todas las historias estarán conectadas. En todos los episodios aparecerán los mismos personajes.

Si hicieses una serie de televisión sobre tu vida hasta ahora, ¿cuántos <u>episodios</u> tendría? ¿De qué trataría cada episodio?

_____

_____

_____

Haciendo una película
por Mia Lewis

Todos los miembros del club de vídeo estaban en el estudio de cine de la escuela Westlake. Era su primera reunión desde que el club decidió lanzar un nuevo proyecto.

—Vamos a hacer nuestra propia película —dijo Sally.

—Estará basada en una historia que escribiremos nosotros mismos —dijo Jin.

—Tendremos actores —dijo Wanda.

—Tendremos escenarios —dijo Julio.

—Tendremos de todo —dijo Talia.

—¡Será increíblemente genial! —dijo Sally.

Los miembros del club estaban muy emocionados.

Detente Piensa Escribe

PROPÓSITO DEL AUTOR

¿Por qué crees que la autora muestra a todas las personas del club hablando? Puedes dar más de una razón.

Para que sabemos los nombres.

—Creo que nuestra película debería dividirse en **episodios** —dijo Talia—. Podría ser como una serie de televisión.

    —Buena idea —dijo Wanda—. Pero imaginemos el primer episodio antes de pensar en el resto. ¡Lo primero que necesitamos es una historia!

    —Yo tengo una historia —dijo Jin. Tomo su cuaderno y lo abrió—. La escribí este fin de semana en lugar de rastrillar el césped. ¡Es muy emocionante! He hecho incluso algunos dibujos.

Detente **Piensa** **Escribe**

VOCABULARIO

¿De qué manera están conectados los episodios de una serie de TV?

_____

_____

_____

Julio **hojeó** las páginas del cuaderno de Jin. Leyó rápidamente. Miró los dibujos. ¡Le gustaba la historia! Ya tenía una imagen **mental** clara de cómo sería la película.

Julio le pasó el cuaderno a Sally, que empezó a leer.

—¡Esto es fantástico! —dijo Julio—. ¡Será una gran película!

—¿De qué trata? —preguntó Talia.

—Es una historia sobre un grupo de chicos que va de excursión —contestó Julio—. Van siguiendo el curso del río, caminando muy cerca de él.

—¡Entonces Pablo cae al río! —dijo Sally levantando la vista del cuaderno—. Está haciendo el tonto en el borde del río. Echa a correr demasiado rápido, se tropieza y cae.

Detente Piensa Escribe

VOCABULARIO

¿En qué piensas cuando te haces una imagen <u>mental</u> de un río?

_____

_____

_____

—¡Eso es! Cae en el río, que es bastante profundo. La corriente es muy rápida. Lo arrastra río abajo —dijo Julio.

—Sus amigos están asustados —dijo Sally—. No consiguen verlo.

—Corren a lo largo de la orilla intentando encontrarlo —dijo Julio—. El río se lo ha llevado. Ha ido a parar a una roca, muy abajo.

Detente   Piensa   Escribe

PROPÓSITO DEL AUTOR

¿Por qué la autora hace que Sally y Julio expliquen la historia en lugar de Jin?

_____

_____

_____

157

—¡Eso no es todo! —añadió Jin—. Cuando Pablo intenta salir del río, ve un oso sentado en la orilla.

—Está atrapado —dijo Julio—. No puede estar eternamente en el agua. Tiene demasiado frío. Pero tampoco puede salir, con el oso tan cerca.

—Sumerge la cabeza en el agua y aguanta la respiración. Se esconde detrás de la roca. Al cabo de un rato, el oso se marcha —dijo Jin.

—Sus amigos llegan —dijo Julio—. Y lo sacan del agua.

Talia tenía los ojos abiertos como platos. Se había quedado boquiabierta. Wanda, en cambio, estaba tranquila.

Detente   Piensa   Escribe

PROPÓSITO DEL AUTOR

¿Por qué crees que la autora habla sobre los ojos y la boca de Talia?

_____

_____

_____

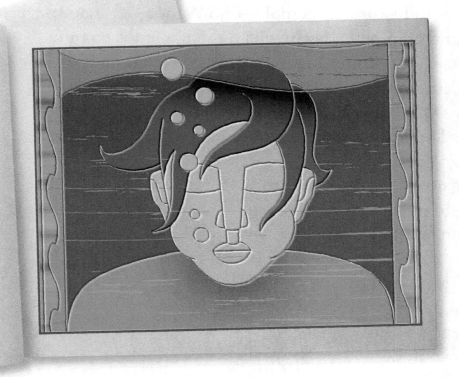

—¡Uau! —dijo Talia—. Menuda historia. Seguro que saldrá una gran película.

—¡Me imagino la escena del oso! —dijo Sally—. Necesitaremos música de miedo de fondo. El oso podría gruñir y chapotear en el agua.

—Y cuando Pablo consigue salir del agua, debe estar pálido y agotado —dijo Julio.

—Sí —dijo Jin—. Es perfecto. ¿Sabéis qué? Ya tengo ideas para los otros **episodios**.

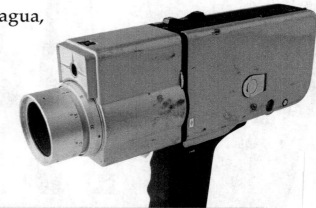

Detente Piensa Escribe

ANALIZAR/EVALUAR

¿Qué opinas de los planes del club de vídeo? ¿De qué se están olvidando?

_____

_____

_____

159

—Jin, tu historia es genial —dijo Wanda—. Se podría hacer una gran película con ella. Pero hay unos cuantos problemas. En primer lugar, ¡vivimos en la ciudad! Los únicos animales salvajes que hay por aquí son las palomas y algunos gatos callejeros. El único sitio con agua es la piscina municipal. Así que, ¿cómo vamos a hacer una película con un río y un oso?

Los otros chicos se miraron con gesto inexpresivo y se rascaron la cabeza. Wanda siguió:

—Jin, guarda tu historia para Hollywood. Para nuestro club de vídeo, ¡me temo que tendremos que hacer borrón y cuenta nueva!

Detente Piensa Escribe

CONCLUSIONES Y GENERALIZACIONES

¿A qué se refiere Wanda cuando dice que el club de vídeo tiene que "hacer borrón y cuenta nueva"?

_____

_____

_____

Vuelve a leer y responde

1 ¿Cómo describirías a Julio y a Sally?

_____

_____

_____

Pista

Busca pistas en las páginas 156 y 157.

2 ¿De qué manera la autora da a entender que este club de vídeo no tiene mucha experiencia planificando o realizando películas?

_____

_____

_____

Pista

Busca pistas en las páginas 155 a 159.

3 ¿Qué pista da la autora al principio de la historia que nos indica que Wanda es la persona más práctica de todos los miembros del club?

_____

_____

_____

Pista

Mira en la página 155.

4 ¿A qué se refiere Wanda cuando le dice a Jin que guarde su historia para Hollywood?

_____

_____

_____

Pista

Piensa en lo que hay en Hollywood.

¡Hazte un detective de la lectura!

Vuelve a

DINERO PARA COMER

Andrew Clements

"Dinero para comer"
Libro del estudiante,
págs. 483-493

1 ¿Por qué piensas que el autor mostró el proceso para hacer un libro de tiras cómicas de 16 páginas?

☐ para evitar que los lectores lo hagan

☐ para mostrar lo importante que es para Greg hacer libros de tiras cómicas

☐ otro _____

¡Pruébalo! ¿Qué evidencia del cuento apoya tu respuesta? Marca las casillas. ☑ Toma notas.

Evidencia	Notas
☐ cómo Greg aprende sobre el proceso	
☐ ilustraciones y etiquetas	

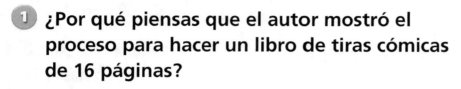
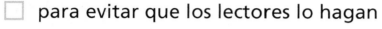

MEGA COMICS

EL INCREÍBLE

¡Escríbelo!

PROPÓSITO DEL AUTOR

Responde a la pregunta **1** usando evidencia del texto.

_____

_____

_____

_____

_____

_____

_____

2 ¿Qué oración describe mejor a Greg?

☐ Quiere ser un artista famoso.

☐ Se preocupa por el dinero más que por su arte.

☐ Es un artista que trabaja duro y quiere ganar dinero.

¡Pruébalo! ¿Qué evidencia del cuento apoya tu respuesta?
Marca las casillas. ☑ Toma notas.

Evidencia	Notas
☐ detalles sobre cómo Greg trabaja cuidadosamente	
☐ detalles sobre los objetivos de ventas de Greg	
☐ detalles sobre cuántos libros de tiras cómicas vende Greg	

¡Escríbelo!

CONCLUSIONES Y GENERALIZACIONES

Responde a la pregunta **2** usando evidencia del texto.

_____

_____

_____

_____

_____

_____

_____

admitir
destino
impresionado
sacar
suspenso

Cómo escribir un relato de ciencia ficción

Los escritores de ciencia ficción

1 _____ que lo que escriben no podría suceder nunca. Por lo tanto, debes escribir sobre cosas que pueden o no pueden ocurrir en nuestro mundo.

Muchos relatos de ciencia ficción han

2 _____ a los lectores con ideas originales. Sigue esta idea. Inventa situaciones nuevas para los personajes. ¡El cielo es el único límite de tu relato!

Incluye algo de ③ _____

en tu relato. No saber lo que pasará a continuación

hace que los lectores se enganchen al relato.

Un elemento importante en un relato de

ciencia ficción es un ④ _____

que no es posible en la vida real. En tu relato, el

protagonista puede viajar a través del tiempo o a

una ciudad situada en el fondo del océano.

Los escritores de ciencia ficción han

⑤ _____ muchos relatos

de su imaginación. Algunos se han convertido en

series de televisión. ¡A lo mejor tu relato acaba

siendo una película!

En el año 2525

por Richard Stull

Las vacaciones en el año 2525 no son como antes.
En el pasado, la gente cargaba las maletas en el auto y
conducía durante horas o días. Ahora, pueden recorrer
millones de millas sin dar un solo paso. También pueden
viajar atrás en el tiempo.

La familia Ortiz quería un viaje de este tipo. El primer
paso era visitar la oficina de Vacaciones Virtuales. Allí
hablaron con una agente de viajes llamada Jill.

Detente   Piensa   Escribe

ESTRUCTURA DEL CUENTO

¿Qué hace la familia Ortiz al principio del relato?

_____

_____

_____

—Queremos mucha diversión —dijo el Sr. Ortiz.

—También queremos ver paisajes extraños —dijo la Sra. Ortiz.

—Tengo el **destino** perfecto para ustedes —dijo Jill—. ¡La Ciudad de Vacaciones Vulcano!

Jill les explicó que la Ciudad de Vacaciones Vulcano estaba ubicada en un pasado muy lejano. Dijo que tenía piscinas calentadas con lava ardiente y un montón de atracciones para los niños.

—Verán volcanes activos y dinosaurios —dijo—. Por supuesto, el viaje es totalmente seguro.

Detente   Piensa   Escribe

VOCABULARIO

Escribe un <u>destino</u> al que te dirijas cada día. ¿Se te ocurren dos o tres más?

_____

_____

_____

165

Jill condujo a los Ortiz a la Sala de Vacaciones Virtuales. En esta sala, el escenario se **sacaba** de una computadora. Esta computadora también podía crear la sensación de estar en un pasado muy lejano.

En unas vacaciones virtuales, una persona se siente como si realmente estuviese visitando un lugar. Puede hacer todo lo que haría si estuviese allí. Pero en realidad nunca sale de la Sala de Vacaciones Virtuales.

—Si quieren volver a casa solo tienen que gritar —dijo Jill—. Yo estaré en los controles.

Detente Piensa Escribe

VOCABULARIO

En la historia, las imágenes se sacan de computadoras. Escribe un sinónimo de <u>sacaba</u>.

_____

_____

_____

De repente, los Ortiz aparecieron delante de un ser extraño con dos cabezas. Estaba durmiendo en un sofá.

—Esto no es muy emocionante —dijo la Sra. Ortiz—. Y no veo ningún volcán.

Al igual que sus padres, los niños tampoco estaban **impresionados** con aquel individuo de dos cabezas que roncaba.

—¿Dónde están las atracciones? —preguntaron.

Los Ortiz se dieron cuenta de que no estaban en la Ciudad de Vacaciones Vulcano. Gritaron a Jill para que les trajese de vuelta.

Detente Piensa Escribe

ESTRUCTURA DEL CUENTO

¿Qué es lo primero que les ocurre a los Ortiz en la Sala de Vacaciones Virtuales?

_____

_____

_____

167

—Debo de haber apretado el botón equivocado —**admitió** Jill—. Creo que los he enviado por error al planeta Frufee.

Los Ortiz decidieron probar de nuevo.

De repente oyeron lo que pareció un disparo. Un soldado les estaba apuntando.

—Esto no puede estar bien —dijo el Sr. Ortiz—. Parece que estamos en la Guerra de Independencia.

Volvieron a gritar a Jill para que los trajese de vuelta.

—Lo siento —dijo Jill—. Debo de haber apretado el botón del viaje a una batalla de 1781.

Detente · Piensa · Escribe

COMPRENDER A LOS PERSONAJES

¿Cómo describirías a Jill?

_____

_____

_____

—Les prometo que esta vez saldrá todo bien —dijo Jill, y apretó con mucho cuidado los botones.

Los Ortiz se apiñaron con **suspenso**. Todos estaban pensando qué ocurriría esta vez. ¿Volverían a ver otro ser extraño? ¿Aparecerían en medio de una batalla?

De repente vieron un paisaje extraño.

Detente Piensa Escribe

VOCABULARIO

¿Por qué crees que los Ortiz se apiñaron con **suspenso**?

_____

_____

_____

Los Ortiz vieron volcanes. Vieron atracciones. Vieron piscinas rodeadas de lava ardiente. Hasta les parecía estar subidos a un auto.

—¡Hurra! —gritaron los Ortiz—. Por fin estamos en la Ciudad de Vacaciones Vulcano.

—Parece que esta vez Jill ha apretado los botones correctos —dijo la Sra. Ortiz.

Por supuesto, los Ortiz seguían en la Sala de Vacaciones Virtuales. Pero ya se habían olvidado. Para ellos sus vacaciones acababan de comenzar.

Detente **Piensa** **Escribe**

ESTRUCTURA DEL CUENTO

¿Dónde tiene lugar el final de la historia?

_____

_____

_____

Vuelve a leer y responde

1 ¿Qué ambientes hay en el relato?

_____

_____

_____

Pista

Puedes encontrar pistas en casi todas las páginas.

2 ¿Qué les ocurre a los Ortiz las dos primeras veces que intentan ir de vacaciones?

_____

_____

_____

Pista

Busca pistas en las páginas 167 y 168.

3 ¿Cómo consiguen finalmente visitar la Ciudad de Vacaciones Vulcano?

_____

_____

_____

_____

Pista

Busca pistas en las páginas 169 y 170.

4 Si pudieses hacer unas vacaciones virtuales, ¿adónde te gustaría ir? ¿Por qué?

_____

_____

_____

Pista

Te ayudará ver parte de tu respuesta a la pregunta 1 y los detalles del relato.

¡Hazte un detective de la lectura!

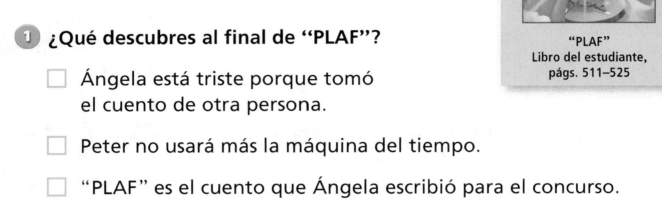

"PLAF"
Libro del estudiante,
págs. 511–525

1 **¿Qué descubres al final de "PLAF"?**

☐ Ángela está triste porque tomó el cuento de otra persona.

☐ Peter no usará más la máquina del tiempo.

☐ "PLAF" es el cuento que Ángela escribió para el concurso.

¡Pruébalo! ¿Qué evidencia del cuento apoya tu respuesta? Marca las casillas. ☑ Toma notas.

Evidencia	Notas
☐ lo que dice Peter después de que ella gana	
☐ lo que Ángela piensa y dice al final	
☐ lo que Ángela lee al final	
☐ cómo comienza el cuento de Ángela	

¡Escríbelo!

ESTRUCTURA DEL CUENTO

Responde a la pregunta 1 usando evidencia del texto.

_____

_____

_____

_____

_____

2 **¿Qué puedes concluir de Ángela?**

☐ Quiere ganar pero es honesta.

☐ Quiere ganar sin importarle nada.

☐ No le preocupa si le va bien en la escuela.

¡Pruébalo! ¿Qué evidencia del cuento apoya tu respuesta?
Marca las casillas. ☑ Toma notas.

Evidencia	Notas
☐ cómo se siente Ángela justo después del concurso	
☐ cómo se siente Ángela al final del cuento	
☐ lo que dice Peter al final del cuento	
☐	

¡Escríbelo!

CONCLUSIONES Y GENERALIZACIONES

Responde a la pregunta **2** usando evidencia del texto.

_____

_____

_____

_____

_____

_____

_____

Redactores de revistas

✓ **VOCABULARIO CLAVE**

carrera
fórmula
intuición
origen
requerir

1 Si quieres escribir en una revista, hay algunas cosas que debes saber. Se **requieren** muchas destrezas. Debes escribir de manera clara e interesante. Tienes que encontrar la forma de atraer a los lectores.

¿Qué destrezas se <u>requieren</u> para escribir una redacción?

_____

_____

_____

2 Desarrollar una **carrera** como redactor de una revista puede ser duro. La mayoría de los redactores tiene que empezar desde abajo. A partir de ahí van ascendiendo poco a poco a base de trabajo.

¿Qué <u>carreras</u> te interesan? Explica por qué.

_____

_____

_____

3 Los redactores pueden tener ciertas **intuiciones** sobre un tema si lo han experimentado antes. Un artículo sobre paracaidismo es más interesante si el escritor realmente ha saltado alguna vez desde un avión.

¿De qué manera haber trabajado para un veterinario puede proporcionar a una persona una intuición acerca de cómo curar a un animal?

_____

_____

_____

4 La **fórmula** para conseguir un gran artículo es juntar una buena idea, una buena investigación y una buena escritura.

¿Cuál es la fórmula para que una fiesta salga muy bien?

_____

_____

_____

5 Actualmente, hay muchos periódicos y revistas que se publican tanto en Internet como en papel. Sin embargo, en sus **orígenes**, toda la prensa se publicaba en papel.

Escribe un sinónimo de orígenes.

_____

Haciendo una revista

por Dolores Vasquez

¿Qué se necesita para hacer una revista? Nuestra clase se estaba preparando para averiguarlo. Habíamos decidido crear y publicar nuestra propia revista.

Primero teníamos que aprender todo lo que se **requiere** para hacer una revista. Teníamos que escoger ideas para los artículos. Luego investigaríamos y recopilaríamos datos. Finalmente escribiríamos historias y haríamos fotografías para acompañarlas.

Para empezar, miramos otras revistas en busca de ideas. Leímos los artículos. Observamos las imágenes. Empezamos a discutir planes para nuestra revista. ¿Qué tipo de artículos debían ir en la revista? ¿Qué aspecto debía tener?

Detente Piensa Escribe

VOCABULARIO

¿Qué se requiere para hacer un sándwich?

_____

_____

_____

Aprendiendo de una experta

—Chicos —dijo el Sr. Gómez—, me gustaría
presentarles a la mejor redactora del país. Ella es Annie
Smith. Viaja por todo el mundo y escribe artículos
sobre sucesos extraordinarios. Sin embargo, empezó
trabajando cerca de su casa.

Annie nos habló de su primer
trabajo. Fue en una revista, en el
pueblecito donde creció. Escribía sobre
la gente interesante del pueblo. Su
historia favorita era la de un anciano
que tenía una pastelería. La gente
venía de muy lejos a comprar sus
pasteles sin conocer sus **orígenes**.
¡Había trabajado como chef en la
Casa Blanca!

El artículo de Annie sobre
el anciano ganó un premio. Eso
ayudó a que su **carrera** despegara.

Detente   Piensa   Escribe

HECHOS Y OPINIONES

Cuando el Sr. Gómez presenta a Annie como la mejor redactora
del país, ¿está estableciendo un hecho o una opinión?

_____

_____

_____

Planificando el artículo

Annie nos proporcionó algunas **intuiciones** sobre lo que hace bueno un artículo. Ahora nos tocaba a nosotros pensar nuestras propias ideas. Decidimos seguir la **fórmula** de Annie: entrevistar a gente interesante de nuestro vecindario.

Hicimos una lista con personas que vivían y trabajaban en los alrededores. Todo el mundo propuso ideas. Luego escogimos a nuestros favoritos. Al final seleccionamos a tres personas para entrevistar.

La clase se dividió en tres equipos de redactores. Cada equipo entrevistaría a una de las personas y escribiría un artículo sobre ella.

Detente   Piensa   Escribe

VOCABULARIO

¿Cuál es la <u>fórmula</u> de Annie? ¿De qué manera ayuda a los estudiantes a decidir sobre qué escribir?

_____

_____

_____

Mi equipo tuvo una gran idea para la revista. Aunque vivíamos en la ciudad, propusimos escribir sobre actividades típicas del campo.

Shana conocía a una familia que vivía cerca del parque. Eran apicultores, criaban abejas. Paul tenía un tío que criaba pollos.

—Los pollos no le interesan a nadie —dijo Shana.

—Cualquier tema puede ser interesante si el escritor lo hace interesante —dijo el Sr. Gómez. Luego nos recordó el jardín comunitario por el que muchos de nosotros pasábamos cada día para ir a la escuela. ¿Quién lo había creado? ¿Qué se cultivaba allí?

—Es una gran idea, Sr. G —admití.

Detente **Piensa** **Escribe**

HECHOS Y OPINIONES

¿Cuáles de las afirmaciones de esta página son opiniones? Explica tu respuesta.

_____

_____

_____

177

Realizando una entrevista

Mi equipo fue al jardín comunitario. Preguntando por la zona nos enteramos de que había sido creado por una mujer llamada Laura Antonio. Conseguimos localizarla. Nos explicó que antes ese jardín era un terreno vacío, pero que ahora cultivaban en él veinte familias. Laura cultivaba suficientes tomates para producir ¡diez galones de salsa de tomate cada verano!

Preguntamos a Laura por sus **orígenes**. ¿Dónde había aprendido a cultivar? Laura nos explicó que había crecido en una granja, en Italia. Cuando vino a Estados Unidos, echó en falta cultivar cosas. Así que decidió crear un jardín comunitario. También ayudaba a otras familias a cultivar hortalizas.

Detente   Piensa   Escribe

CAUSA Y EFECTO

¿Por qué Laura empezó el jardín comunitario?

_____

_____

_____

Juntando todo el material

De la entrevista con Laura sacamos algunas **intuiciones** sobre el funcionamiento de un jardín comunitario. Aprendimos por qué los jardines son importantes para la comunidad.

Aún quedaba trabajo por hacer. Investigamos en la biblioteca y en Internet. Conseguimos más datos sobre jardines comunitarios para nuestro artículo. Luego escribimos el artículo. Comprobamos que toda la información fuera correcta. Finalmente, volvimos a leer el artículo e hicimos algunos cambios para mejorarlo.

Teníamos muchas fotografías y nos costaba decidir cuáles usar, así que se las mostramos a otro de los equipos. Entre todos nos pusimos de acuerdo sobre cuáles eran las mejores.

Detente   Piensa   Escribe

CAUSA Y EFECTO

¿Por qué los estudiantes muestran sus fotografías a otro equipo?

_____

_____

_____

Publicando la revista

Al final, todos acabamos nuestros artículos. ¡Nunca nadie había trabajado tanto! Estábamos listos para introducir el texto y las fotografías en la computadora. Cuando acabamos de hacerlo, imprimimos una copia de la nueva revista. La comprobamos para asegurarnos de que no había fallos. ¡Había fallos! Los corregimos. Luego imprimimos copias para nuestros amigos, para nuestras familias y para los otros estudiantes de la escuela.

¡Acabábamos de publicar nuestra primera revista! Habíamos aprendido mucho y además nos habíamos divertido. ¡Tal vez algunos de nosotros nos convertiríamos algún día en redactores famosos!

Detente Piensa Escribe

CAUSA Y EFECTO

¿Por qué al principio los estudiantes solo imprimen una copia de su revista?

_____

_____

_____

Vuelve a leer y responde

1 ¿Cuál es la gran idea que se les ocurre a los estudiantes para la revista?

Pista
Busca pistas en la página 177.

_____

_____

_____

2 ¿Qué nociones sobre jardines comunitarios podía transmitir Laura que no se pudiesen encontrar en los libros?

Pista
Busca pistas en las páginas 178 y 179.

_____

_____

_____

3 ¿Por qué el equipo investiga más después de entrevistar a Laura?

Pista
Busca pistas en la página 179.

_____

_____

_____

4 En la página 180, el narrador dice: "¡Había fallos!". Esta afirmación, ¿es un hecho o una opinión? Explica por qué.

Pista
Piensa en las diferencias entre los hechos y las opiniones.

_____

_____

_____

¡Hazte un detective de la lectura!

Vuelve a

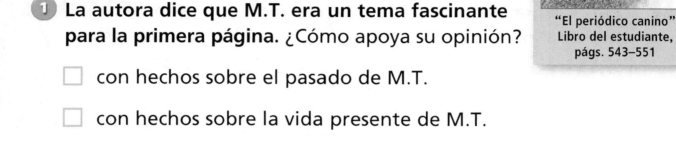

"El periódico canino"
Libro del estudiante,
págs. 543–551

1 **La autora dice que M.T. era un tema fascinante para la primera página.** ¿Cómo apoya su opinión?

☐ con hechos sobre el pasado de M.T.

☐ con hechos sobre la vida presente de M.T.

☐ otro _____

¡Pruébalo! ¿Qué evidencia de la selección apoya tu respuesta? Marca las casillas. ☑ Toma notas.

Evidencia	Notas
☐ detalles sobre M.T. durante la guerra	
☐ detalles sobre el viaje de M.T. a Estados Unidos	
☐	

¡Escríbelo!

HECHO Y OPINIÓN

Responde a la pregunta **1** usando evidencia del texto.

_____

_____

_____

_____

_____

_____

_____

2 **¿En qué se parece M.T. a los otros perros del vecindario?**

☐ Todos los perros tienen pasados interesantes.

☐ Duerme en una casa de pan de jengibre.

☐ La mayoría de lo que hace no es muy interesante.

¡Pruébalo! ¿Qué evidencia de la selección apoya tu respuesta? Marca las casillas. ☑ Toma notas.

Evidencia	Notas
☐ detalles sobre las actividades de M.T.	
☐ lo que otros dicen sobre sus perros	
☐	

¡Escríbelo!

COMPARAR Y CONTRASTAR

Responde a la pregunta **2** usando evidencia del texto.

_____

_____

_____

_____

_____

_____

_____

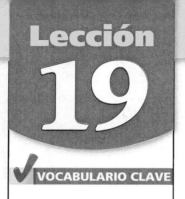

asunto
depender
eficaz
excepción
exhortar

La lucha por la igualdad de derechos

Derechos para los esclavos

Los esclavos no tenían control sobre sus propias vidas. Eran comprados y vendidos. Sus propietarios podían maltratarlos.

Algunas personas querían acabar con la esclavitud y dar derechos a los esclavos. Otras querían que la esclavitud continuase. Durante años, los dos bandos discutieron sobre el

1 _____ de la esclavitud.

Derechos para las mujeres

Las mujeres tenían pocos derechos en el siglo XIX. Ni siquiera podían votar. Muchas mujeres empezaron a **2** _____ al Congreso para que les dejaran votar.

Antes de 1900, casi todas las mujeres **3** _____ de su marido o de su padre. Más adelante, las leyes proporcionaron más derechos a las mujeres. Las mujeres demostraron que podían cuidar de sí mismas.

En el siglo XIX, había muy pocas mujeres que trabajasen fuera de casa. Una **4** _____ fue Elizabeth Blackwell. En la década de 1850 se convirtió en doctora.

Una defensora de los derechos de todos

Sojourner Truth luchó por la igualdad de derechos. Era una oradora **5** _____. Conectaba con su público. Sus intensas palabras empujaron a mucha gente a luchar por sus derechos.

Sojourner Truth

Portavoz de la igualdad de derechos

por Duncan Searl

Su infancia

Sojourner Truth luchó por la igualdad de derechos de todo el mundo, y lo hizo porque sabía lo que era vivir sin derechos.

Nació como esclava en Nueva York, en 1797. Su nombre entonces era Isabella Baumfree. Ya de pequeña, Isabella tuvo que trabajar duramente. Fue vendida y enviada lejos de su familia a los nueve años. Durante su juventud, fue vendida a varios amos. A menudo era golpeada por amos crueles. Con el tiempo se casó y tuvo cinco hijos, pero varios de ellos también fueron vendidos como esclavos.

Detente Piensa Escribe

PERSUASIÓN

¿Por qué la igualdad de derechos era tan importante para Isabella Baumfree?

_____

_____

_____

184

Isabella encuentra la libertad y la fuerza

En el siglo XIX, muchos estados habían aprobado leyes contra la esclavitud. Los esclavos de Nueva York consiguieron la libertad en 1827. El amo de Isabella prometió liberarla. Sin embargo, más tarde se echó atrás en su promesa, así que Isabella Baumfree decidió escaparse. Se llevó consigo a su hija recién nacida, Sophia.

Una pareja acogió a Isabella. Con su ayuda, fue a los tribunales para recuperar a su hijo Peter, que había sido vendido a un esclavista del Sur. Isabella tardó un año en ganar el caso. ¡Al final consiguió traer a su hijo de vuelta!

Detente   Piensa   Escribe

PROPÓSITO DEL AUTOR

Baumfree tardó un año en ganar su caso y traer de vuelta a su hijo. ¿Por qué crees que el autor incluye esta información?

_____

_____

_____

185

Isabella se convierte en Sojourner Truth

Una vez liberada, Isabella se sintió una persona nueva. Su difícil infancia la impulsó a ayudar a los demás. Para hacerlo, dio discursos en los que compartía sus creencias.

Isabella era una oradora **eficaz**. La gente la escuchaba atentamente. Sus palabras les daban ánimos y esperanza. Nunca ganó mucho dinero. Para comer, a menudo **dependía** de la generosidad de la gente.

En 1843 se cambió de nombre. Se convirtió en Sojourner Truth. En inglés, *sojourner* significa residente, y *truth*, verdad. Sojourner Truth creía que su nuevo nombre expresaba lo que quería hacer con su vida.

Detente Piensa Escribe

VOCABULARIO

¿Qué dice el autor para convencer a los lectores de que Baumfree era una oradora <u>eficaz</u>?

_____

_____

_____

Sojourner Truth, abolicionista

En aquella época, mucha gente intentaba acabar con la esclavitud. Estas personas se llamaban abolicionistas. Sojourner Truth se unió a la causa abolicionista. Sabía que sus discursos contra la esclavitud tenían mucha fuerza. Al fin y al cabo, había sido una esclava. Dio grandes discursos sobre este **asunto**.

Sojourner Truth conoció a otros abolicionistas. Uno de ellos fue Frederick Douglass. Al igual que ella, había huido de la esclavitud. Douglass fue uno de los oradores abolicionistas más importantes.

En 1850, Sojourner Truth publicó su autobiografía. Nunca había aprendido a escribir. Ni siquiera sabía leer. Así que un amigo puso sus palabras por escrito.

El relato de Sojourner Truth

Frederick Douglass denunció la esclavitud.

Detente **Piensa** **Escribe**

CAUSA Y EFECTO

Tanto Sojourner Truth como Frederick Douglass escaparon de la esclavitud. ¿De qué manera crees que esto los ayudó como oradores abolicionistas?

_____

_____

_____

187

Las mujeres también merecen derechos

Muchos abolicionistas eran mujeres. Sin embargo, las propias mujeres tenían pocos derechos. Solo los hombres podían votar. No había **excepción** a esa norma. La mayoría de los trabajos estaban reservados para los hombres. Mucha gente opinaba que las mujeres eran demasiado débiles para trabajar.

No era el caso de Sojourner Truth. Ella sabía lo duramente que podía trabajar una mujer. Empezó a **exhortar** a las mujeres para que reivindicasen sus derechos. En 1851, pronunció un discurso en la Convención de los Derechos de las Mujeres en Akron, Ohio.

—¡Miren mi brazo! —gritó con su voz poderosa—. He arado, he plantado y he recogido grano —añadió—. Puedo trabajar y comer tanto como un hombre (cuando puedo hacerlo)—. Sojourner siguió denunciando injusticias durante el resto de su vida.

Detente   Piensa   Escribe

VOCABULARIO

¿Por qué Sojourner Truth <u>exhortaba</u> a las mujeres a conquistar sus derechos?

_____

_____

_____

Tras la abolición de la esclavitud

Con el tiempo, uno de los sueños de Sojourner Truth se hizo realidad. La esclavitud se abolió en Estados Unidos en 1865. Sojourner Truth siguió trabajando para los afroamericanos. Ayudó a los antiguos esclavos a establecerse en el Oeste. Intentó conseguir concesiones de tierras para muchos de ellos.

No llegó a ver cómo las mujeres conquistaban el derecho al voto. Eso no ocurrió hasta 1920. Sojourner Truth murió en 1883. Tenía 86 años. Fue una mujer fuerte y valiente que dedicó su vida a ayudar a los demás.

Detente   Piensa   Escribe

COMPRENDER A LOS PERSONAJES

¿Qué cosas indican que Sojourner Truth era valiente?

_____

_____

_____

189

¿Sabías qué...?

◎ Sojourner Truth creció hablando holandés. No aprendió inglés hasta los nueve años.

◎ A los 13 años ya había sido vendida tres veces.

◎ A principios de la década de 1850, Sojourner Truth viajó a través de 22 estados. Allá donde iba, denunciaba la esclavitud.

◎ Sojourner Truth medía seis pies y era muy fuerte. ¡No le asustaban las multitudes enfurecidas!

◎ Sojourner Truth conoció a Abraham Lincoln en 1864. Mantuvieron una larga conversación.

Detente   Piensa   Escribe

COMPRENDER A LOS PERSONAJES

¿De qué manera estos hechos te ayudan a conocer mejor a Sojourner Truth?

_____

_____

_____

Vuelve a leer y responde

1 ¿Qué asuntos eran importantes para Sojourner Truth?

_____

_____

_____

Pista

Busca pistas en las páginas 184, 187 y 188.

2 ¿Qué detalles sobre Sojourner Truth proporciona el autor para conseguir que los lectores la admiren?

_____

_____

_____

Pista

¡Hay pistas en todas las páginas!

3 ¿Qué palabras utilizarías para describir a Sojourner Truth?

_____

_____

_____

Pista

Tus respuestas a las preguntas 1 y 2 podrían ayudarte.

4 ¿De qué manera la gente como Sojourner Truth contribuye a mejorar nuestro mundo?

_____

_____

_____

Pista

Tu respuesta a la pregunta 3 podría ayudarte.

¡Hazte un detective de la lectura!

Vuelve a

"Darnell Rock Informa"
Libro del estudiante,
págs. 569-581

1 ¿Por qué piensas que el autor escribió este cuento?

☐ para contar un historia interesante

☐ para explicar cómo comenzar un jardín comunitario

☐ para persuadir a la gente para que tomen acción

¡Pruébalo! ¿Qué evidencia del cuento apoya tu respuesta?
Marca las casillas. ☑ Toma notas.

Evidencia	Notas
☐ lo que dice Sweeby Jones	
☐ lo que dice Darnell en la reunión	
☐ lo que sucede después de la reunión	

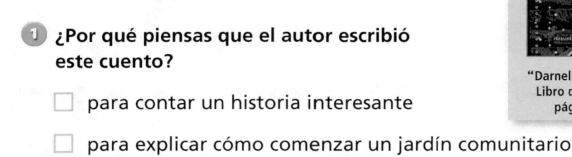

¡Escríbelo!

PROPÓSITO DEL AUTOR

Responde a la pregunta **1** usando evidencia del texto.

_____

_____

_____

_____

_____

_____

_____

2 **¿Hizo algún bien el artículo de Darnell?**

☐ Sí, llevó a cambios importantes.

☐ No, nada cambió.

☐ otro _____

¡Pruébalo! ¿Qué evidencia del cuento apoya tu respuesta?
Marca las casillas. ☑ Toma notas.

Evidencia	Notas
☐ lo que alguien quiere donar	
☐ lo que el periódico quiere que haga Darnell	
☐	

¡Escríbelo!

CONCLUSIONES Y GENERALIZACIONES

Responde a la pregunta 2 usando evidencia del texto.

_____

_____

_____

_____

_____

_____

_____

En el campo

descender
disminuir
maravillado
temblar
acompasado

1 Rob estaba parado en lo alto de la sierra observando los árboles y el lago. Luego **descendió** al valle.

A medida que Rob descendía, ¿lo hacía sobre suelo plano o sobre suelo inclinado?

_____

2 Rob escuchó un fuerte y **acompasado** repiqueteo por encima suyo. Era un pájaro carpintero en un árbol.

¿Qué otro sonido puede tener un ritmo regular y acompasado?

_____

3 Se quedó quieto, **maravillado** ante el silencio del valle. No se escuchaban bocinas de automóviles, ni música tocando, ni el ruido de máquinas a su alrededor.

Nombra un lugar que realmente te gustaría conocer. ¿Qué te haría sentir maravillado en ese lugar?

_____

_____

_____

4 De repente, una liebre salió de los arbustos. Se detuvo y miró a Rob. Su pelaje marrón brilloso se puso a **temblar**. ¿Tenía frío o tenía temor ante este grande y extraño humano?

¿Cómo pudo notar Rob que la liebre estaba temblando?

_____

_____

_____

5 Las nubes se hicieron espesas y oscuras de un momento a otro. El viento levantó fuerza. Pero pronto el sol salió a relucir nuevamente. La preocupación de Rob por el tiempo comenzó a **disminuir**. Decidió que después de todo, no se avecinaba una tormenta. Se quedaría allí por un rato más.

¿Cuál es una señal de que una tormenta está disminuyendo en intensidad?

_____

_____

_____

Montar a caballo

por Judy Rosenbaum

El trayecto en autobús ya había durado una hora. Con razón la gente del centro comunitario le había pedido a Celia Rivera y a su madre viajar con la Sra. Grant y su nieta, Daisy. Los Grant eran nuevos en Williston. Nunca hubiesen encontrado los establos de Sunflower por su cuenta.

Mientras que la mamá de Celia conversaba con la Sra. Grant, Daisy simplemente miraba por la ventana. La expresión de nervios en la cara de Daisy hacía que Celia se preguntara si esa niña alguna vez había salido de su casa. La mamá le había explicado que por el momento, la Sra. Grant estaba educando a Daisy en casa.

—Daisy aún está sintiendo los efectos de un hecho muy traumático —la mamá le explicaba a Celia—. Esperamos que la gente en Sunflower pueda liberarla.

Celia estaba contenta de ayudar junto con su mamá, aunque fuera un poquito.

Detente | Piensa | Escribe

COMPRENDER A LOS PERSONAJES

¿Cómo describirías a Celia? ¿Cómo apoyan a tus ideas sus pensamientos o acciones?

_____

_____

_____

Al fin se detuvo el autobús. Las Rivera y las Grant comenzaron a **descender** por los escalones mientras que la mamá estudiaba el mapa para saber hacia dónde tenían que dirigirse. Unos diez minutos más tarde, llegaron a los establos.

Una vez adentro, se encontraron con varios circuitos cercados. En uno, una mujer estaba llevando a un niño montado en un caballo. Un hombre caminaba a la par. Él sostenía al niño. Los ojos de Celia se abrieron exageradamente. ¡Cielos! ¡Los caballos eran gigantes! El niño parecía feliz. Del otro lado del cerco había una silla de ruedas vacía.

Mamá trató de explicarle que pasar tiempo montando un caballo frecuentemente ayudaba a las personas con todo tipo de limitaciones físicas. ¿Pero cómo podía un animal tan grande ayudar a una niña asustada como Daisy?

Detente   Piensa   Escribe

VOCABULARIO

Cuando las Rivera y las Grant <u>descendieron</u> los escalones, ¿se dirigieron hacia abajo o hacia arriba?

_____

_____

_____

Daisy no tenía que enfrentarse a un impedimento físico. Sin embargo, mentalmente, aún no había podido superar su experiencia con un tornado en el pueblo donde vivía antes. Ella había estado atrapada entre las ruinas de un centro comercial durante horas. Daisy aún sufría de pesadillas. Incluso hasta ahora, ella casi nunca hablaba. La familia se había mudado de su antiguo pueblo a Williston. Pero nada ayudaba a Daisy.

Una mujer se les acercó.

—Hola, Daisy. Soy tu guía acompañante, Margie. Cuando tú estés montando el caballo, yo estaré al lado tuyo sujetándote.

Daisy no dijo una palabra. Un hombre trajo un caballo del establo, y la mano de Daisy comenzó a **temblar** mientras se aferraba a su abuela. Hasta Celia se echó atrás cuando el gran, gran caballo se arrimó a ellas.

Detente   Piensa   Escribe

ESTRUCTURA DEL CUENTO

¿Cuál es el problema principal en este cuento?

_____

_____

_____

—Este es Rudy —dijo Margie, presentando al hombre—. Él es uno de nuestros instructores de equitación.

El hombre sonrió y le dio la mano a Mamá y a la Sra. Grant.

—Y este es Comet —dijo el hombre, presentándoles al caballo—. Es una yegua de ocho años.

La gran cabeza marrón de Comet parecía colgar sobre Celia. Los ojos del caballo eran enormes. Su boca era enorme. Sus dientes probablemente también eran enormes. Su cuello y su pecho parecían hechos enteramente de músculos. Celia tenía la certeza de que en cualquier momento el caballo se pararía sobre sus patas traseras. ¡Así mediría como mínimo diez pies!

"¡Oh, por qué tendré que haber pensado en eso!", se dijo Celia a sí misma.

Detente   Piensa   Escribe

COMPRENDER A LOS PERSONAJES

¿Cómo se siente Celia cuando le acercan el caballo? ¿Cómo te das cuenta?

_____

_____

_____

No te preocupes, Comet es tranquila —dijo Rudy—.
Mira qué aterciopelado es su hocico. ¿Te gustaría
tocarla, Daisy?

Rudy le mantuvo la cabeza quieta a Comet y le
mostró a Daisy cómo acariciar su hocico. Daisy no decía
nada, pero para sorpresa de Celia, Daisy extendió su
mano para acariciar la superficie de ese gran hocico.
Celia se encontró haciéndolo también. Era cierto
que parecía aterciopelado. Sintió su propio temor
disminuir.

Luego Rudy le mostró el tranquilo andar del
caballo. Las herraduras de Comet marcaban
un ritmo **acompasado** a medida
que hacían contacto con el suelo.
Margie se volvió hacia Celia y
dijo:

—¿Te gustaría mostrarle a
Daisy cómo sentarse en un
caballo?

Detente   Piensa   Escribe

Si el temor de Celia está <u>disminuyendo</u>, ¿es mayor o menor?

_____

_____

_____

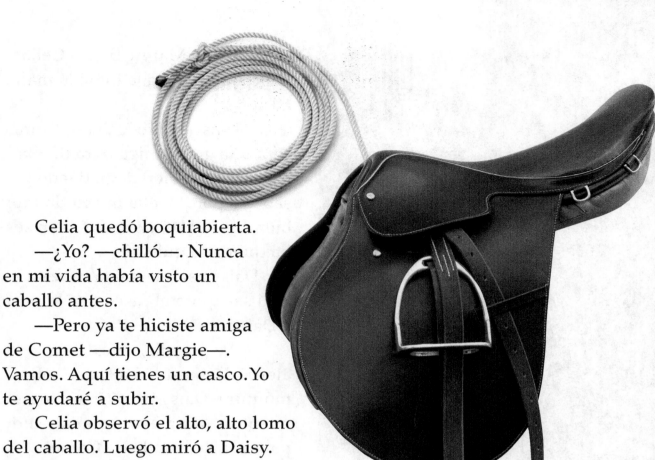

Celia quedó boquiabierta.

—¿Yo? —chilló—. Nunca en mi vida había visto un caballo antes.

—Pero ya te hiciste amiga de Comet —dijo Margie—. Vamos. Aquí tienes un casco. Yo te ayudaré a subir.

Celia observó el alto, alto lomo del caballo. Luego miró a Daisy. Los ojos ansiosos de Daisy parecían tan grandes como los de Comet. Esta niña merecía sentirse mejor en la vida. Celia respiró hondo y dijo: —Bueno. ¿Cómo me subo?

Con mucha ayuda de Rudy, Celia aún no podía entender cómo había logrado subirse en el caballo. Para su sorpresa, la montura se sentía muy cómoda. Miró hacia abajo, **maravillada** ante cuán quieto se mantenía el caballo.

—¡Oye, Daisy, esta divertido estar aquí arriba! —le expresó. Realmente era divertido.

Detente   Piensa   Escribe

COMPRENDER A LOS PERSONAJES

¿Qué aprendes de Celia a esta altura del cuento? ¿Qué piensa, dice o hace que te ayuda a saberlo?

_____

_____

_____

Cuando Margie bajó a Celia del caballo, Celia le tomó la mano a Daisy.

—Daisy —dijo Celia—, Comet será una gran amiga para ti. Ella cuidará muy bien de ti. Puedo saberlo porque ella me cuidó muy bien a mí. ¿Has visto qué bien se ha quedado quieta?

Daisy asintió con la cabeza. Celia se quitó el casco y se lo puso a Daisy.

—¡Ve por ella, chica! —la alentó. Rudy subió a Daisy sobre la montura. Daisy jadeó unas veces mientras Margie la sostenía. Rudy palmeaba el cuello de Comet mientras el caballo pisaba con una pata tras la otra. En un segundo, el caballo ya estaba caminando. Daisy miró hacia abajo desde la montura.

—¡Qué bueno! —exclamó.

Detente   Piensa   Escribe

ESTRUCTURA DEL CUENTO

¿Qué te dice la última línea del cuento? ¿Qué ha cambiado?

_____

_____

_____

Vuelve a leer y responde

1 ¿Por qué les piden a Celia y a su madre que viajen con las Grant?

Pista

Busca pistas en la página 194.

_____
_____
_____

2 ¿Qué problema casi impide que Celia ayude a Daisy?

Pista

Busca pistas en las páginas 195, 197 y 199.

_____
_____
_____

3 ¿Qué efecto tiene en Daisy el acto valiente de Celia?

Pista

Busca pistas en las páginas 199 y 200.

_____
_____
_____

4 ¿Tú crees que la autora piensa que los animales pueden ayudar a las personas a sentirse mejor? Usa detalles del cuento para apoyar tu respuesta.

Pista

Puedes encontrar pistas en casi todas las páginas.

_____
_____
_____

¡Hazte un detective de la lectura!

Vuelve a

"El corcel negro"
Libro de estudiante,
págs. 599–613

1 **¿Cuál es el problema principal que Alec intenta solucionar?**

☐ cómo matar serpientes venenosas

☐ cómo montar el potro

☐ otro _____

¡Pruébalo! ¿Qué evidencia del cuento apoya tu respuesta? Marca las casillas. ☑ Toma notas.

Evidencia	Notas
☐ lo que hace Alec después de que el potro mata a la serpiente	
☐ detalles sobre Alec hablando con el potro	
☐	

¡Escríbelo!

ESTRUCTURA DEL CUENTO

Responde a la pregunta 1 usando evidencia del texto.

_____

_____

_____

_____

_____

_____

_____

2 **¿Qué te dicen sobre Alec sus acciones?**

☐ Seguirá intentándolo hasta lograr su objetivo.

☐ Pasa casi todo su tiempo sintiéndose mal consigo mismo.

☐ otro _____

¡Pruébalo! ¿Qué evidencia del cuento apoya tu respuesta?
Marca las casillas. ☑ Toma notas.

Evidencia	Notas
☐ lo que hace después de caerse	
☐ cómo aprende a ser un mejor jinete	
☐	

¡Escríbelo!

CONCLUSIONES Y GENERALIZACIONES

Responde a la pregunta **2** usando evidencia del texto.

_____

_____

_____

_____

_____

_____

_____

201B

evidente
factor
indudablemente
ritmo
salvación

La fiebre del oro

En 1848, alguien encontró oro en California. Era **evidente** que se podía encontrar mucho más. Muchos decidieron ir allí para hacerse ricos.

Más de 300,000 personas sufrieron la fiebre del oro. Viajaron por mar o en carromatos. En ambos casos, el **ritmo** del viaje era muy lento.

Muchos de estos viajeros llegaron en 1849. Llegaron a ser conocidos como los *forty-niners* (los del cuarenta y nueve). Esperaban que el oro fuera su **salvación**.

La fiebre del oro fue un **factor** decisivo para el crecimiento de California. En un año, la población de San Francisco creció de 1,000 a 25,000 habitantes.

La fiebre del oro fue importante en la historia de California. Pero, **indudablemente**, fue perjudicial para el medio ambiente. También fue perjudicial para los indios americanos, que fueron expulsados de sus tierras.

1 Los *forty-niners* esperaban que el oro fuese su

_____.

2 Un _____ importantísimo
para el crecimiento de California fue la fiebre
del oro.

3 El _____ era muy lento ya se
viajara por mar o en carromato.

4 Escribe algunos datos sobre tu escuela que sean
<u>indudablemente</u> ciertos.

_____

_____

_____

5 ¿Qué indicios hacen <u>evidente</u> que se acerca una
tormenta?

_____

_____

_____

En la ruta Beckwourth

por Richard Stull

James Beckwourth contemplaba el paisaje. Ante él descansaban las montañas de Sierra Nevada. Al otro lado se encontraba California. Tenía que guiar una caravana a través de las montañas.

Era el año 1851. Los viajeros eran víctimas de la fiebre del oro. Todos esperaban encontrar oro y hacerse ricos. Habían contratado a James para que les guiara.

James conocía el camino. De hecho, había sido él quien había descubierto la ruta a través de las montañas. James también sabía que los viajeros necesitaban un guía. Sin él, **indudablemente** se habrían perdido.

Detente Piensa Escribe

VOCABULARIO

¿Por qué los viajeros necesitan <u>indudablemente</u> un guía?

_____

_____

_____

Aquella noche, James conoció a los hombres y mujeres de la caravana. Primero les mostró el mapa que había dibujado.

—Debemos viajar a un **ritmo** constante —dijo—. Así conseguiremos atravesar las montañas antes de que caigan las primeras nieves.

—¿Qué otras cosas debemos hacer? —preguntó un hombre. James les explicó que debían evitar los animales salvajes, como los osos. Les dijo que mantuviesen a los niños cerca de la caravana en todo momento. También les pidió que no desperdiciaran el agua potable. Resultaba **evidente** para los viajeros que James era un montañista experimentado.

Detente Piensa Escribe

VOCABULARIO

¿Qué hace primero James cuando se reúne con los viajeros?

_____

_____

_____

205

El viaje demostró ser difícil, y los días se convirtieron en semanas. Los viajeros sabían que pronto caerían las primeras nieves. Eran conscientes de que el tiempo sería un **factor** decisivo para el éxito del viaje. Hasta James empezó a preocuparse. Decidió convocar otra reunión con los viajeros.

—Tengo que adelantarme con el caballo —les dijo—. Así podré decirles cuántos días nos quedan de camino por las montañas.

Los viajeros se miraron unos a otros. No estaban seguros de que James volviese a buscarlos. Decidieron votar si James debía irse o quedarse.

Detente   Piensa   Escribe

CAUSA Y EFECTO

¿Por qué el tiempo sería importante para el éxito del viaje?

_____

_____

_____

Los viajeros decidieron que James se adelantase. A la mañana siguiente, James montó en su caballo y se alejó al galope. Antes de irse, exhortó a la gente a seguir avanzando lo más rápido posible. Les dijo que volvería en una semana.

La caravana avanzaba lentamente. Las noches de septiembre eran cada vez más frías. A los cinco días de marcharse James, una mujer creyó verlo a la distancia.

—¡James ha vuelto! —gritó. Pero cuando los carros se acercaron a la figura, vieron que se trataba de un jefe indio que los observaba desde lejos.

Detente   Piensa   Escribe

SECUENCIA DE SUCESOS

¿Qué hace James justo antes de marcharse a caballo?

_____

_____

_____

La noche del séptimo día, los viajeros se agruparon alrededor de varias hogueras. Les preocupaba la posibilidad de que James no regresara. También les preocupaba el indígena que habían visto. Tal vez no fuera amistoso. A lo mejor volvía con otros guerreros.

De repente, oyeron el galope de un caballo. Todo el mundo se quedó inmóvil, escuchando. Los adultos escondieron a los niños en los carromatos.

En ese momento, la luz de las hogueras iluminó a James, quien de un salto bajó de su caballo.

—Estoy hambriento —dijo—. ¿Qué hay de cena?

Detente Piensa Escribe

SECUENCIA DE SUCESOS

¿Qué ocurre justo antes de que James les diga a los viajeros que está hambriento?

_____

_____

208 _____

Los viajeros se agolparon alrededor de James.

—¿A qué distancia estamos de Marysville? —preguntó una mujer. Marysville era una ciudad importante y en crecimiento. Estaba ubicada justo en medio del lugar donde la gente buscaba oro.

—Estamos aproximadamente a una semana de viaje —explicó James—. Mucho más cerca de lo que pensaba.

La gente gritó de alegría. Sabían que habían conseguido atravesar las montañas a tiempo. También sabían que su valiente guía James Beckwourth había sido su **salvación**.

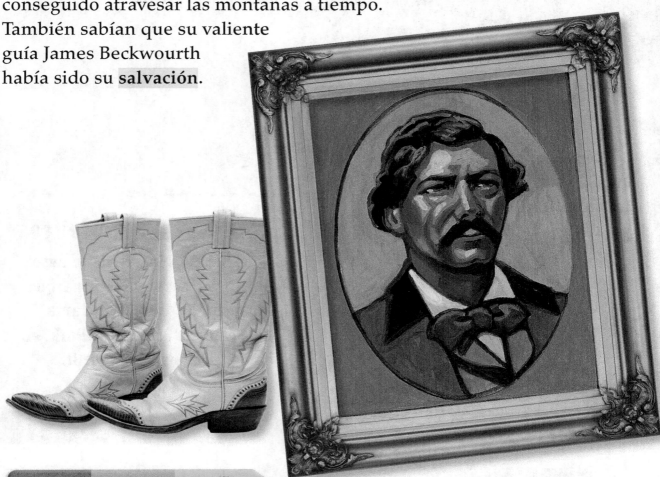

Detente   Piensa   Escribe

VOCABULARIO

¿Por qué los viajeros ven a James Beckwourth como su <u>salvación</u>?

_____

_____

_____

La fiebre del oro de California

Miles de personas usaron la ruta Beckwourth durante la fiebre del oro. La fiebre del oro empezó en 1848 y duró aproximadamente diez años.

La ruta Beckwourth

James inauguró su ruta en 1851. La gente la usaba para atravesar las montañas hasta Marysville.

Marysville, California

La ciudad de Marysville prometió pagar a James si mejoraba la ruta. Más gente en la ciudad significaba más dinero para todos. La ciudad nunca le pagó.

En agradecimiento

En 1996, Marysville le puso un nuevo nombre a su parque más grande. Ahora se llama Beckwourth Riverfront Park, en honor a James Beckwourth.

Detente   Piensa   Escribe

SECUENCIA DE SUCESOS

¿Cuánto tiempo pasó desde el comienzo de la fiebre del oro hasta que James Beckwourth inauguró su ruta?

_____

_____

Vuelve a leer y responde

1 ¿Cuál es el papel de James Beckwourth como guía de la caravana?

_____

_____

_____

Pista

Busca pistas en las páginas 204 y 205.

2 ¿Qué sucesos importantes ocurren durante la segunda reunión entre James y los viajeros?

_____

_____

_____

Pista

Busca pistas en las páginas 207 y 208.

3 ¿Cómo describirías al personaje de James Beckwourth?

_____

_____

_____

Pista

Encontrarás pistas en casi todas las páginas.

4 ¿Crees que la gente de Marysville, California, es consciente de lo que le debe a James Beckwourth? ¿Qué te hace pensar de esa manera?

_____

_____

_____

Pista

Busca pistas en la página 210.

¡Hazte un detective de la lectura!

Vuelve a

"Los viajes de Tucket"
Libro del estudiante,
págs. 635-649

1. ¿Cuáles son los dos sucesos que ocurren mientras Francis y los niños viajan hacia los árboles?

☐ Francis ve el polvo de los caballos.

☐ Hay un relámpago.

☐ Francis deja de borrar sus huellas.

¡Pruébalo! ¿Qué evidencia del cuento apoya tu respuesta? Marca las casillas. ☑ Toma notas.

Evidencia	Notas
☐ la columna de polvo que ve Francis	
☐ los detalles mientras se apuran hacia los árboles	
☐ las ilustraciones	

¡Escríbelo!

SECUENCIA DE SUCESOS

Responde a la pregunta 1 usando evidencia del texto.

_____

_____

_____

_____

_____

_____

2 **¿Qué palabra(s) describe(n) a Francis?**

☐ muy nervioso ☐ responsable

☐ aburrido ☐ egoísta

¡Pruébalo! ¿Qué evidencia del cuento apoya tu respuesta?
Marca las casillas. ☑ Toma notas.

Evidencia	Notas
☐ cómo Francis se queda con Lottie y Billy	
☐ cómo Francis trata de mantenerlos a salvo	
☐	

¡Escríbelo!

COMPRENDER A LOS PERSONAJES

Responde a la pregunta 2 usando evidencia del texto.

_____

_____

_____

_____

_____

_____

_____

abandonar
asombrar
margen
perdonar
razonar

Los indios de las Llanuras

1 Los españoles trajeron los caballos a las Llanuras en el siglo XVI. Los indios de las Llanuras se **asombraron** cuando vieron por primera vez estos animales.

Describe algún paisaje que te haya asombrado. Explica por qué.

_____

_____

_____

2 Los indios de las Llanuras se trasladaban a menudo. Vivían durante un tiempo en un sitio y luego lo **abandonaban**. Iban a alguna parte donde la caza fuese mejor. Esto era algo difícil de hacer a pie.

Escribe un sinónimo de abandonar.

_____

3 La mayor parte de las tribus de las Llanuras construían sus tipis a lo largo de las **márgenes** de ríos y riachuelos. En la orilla de estas corrientes, el agua para cocinar y para lavar era abundante.

Indica algunas cosas que puedas encontrar en las márgenes de un río.

_____

_____

_____

4 —Si domesticamos y criamos caballos —**razonaban** los indios de las Llanuras—, nuestras vidas mejorarán. Podremos seguir las manadas de búfalos y cazar a caballo.

Explica cómo razonaste la solución a algún problema.

_____

_____

_____

5 Los indios de las Llanuras explicaban algunas costumbres y fenómenos naturales a través de mitos y leyendas. Como en los cuentos populares de otras culturas, también en los suyos el protagonista debe pasar varias pruebas peligrosas. Sólo si sale victorioso de ellas se le **perdona** la vida.

¿Alguna vez tuviste que hacer algo para que tus padres o algún amigo te perdonaran por algo? Explica qué tuviste que hacer.

_____

_____

Huérfano
y los perros alce
por Duncan Searl

Nadie sabía de dónde había venido Huérfano. Vestía con harapos y comía los restos que nadie quería. Los niños de la aldea no querían jugar con él. Los mayores no confiaban en él ni le dejaban entrar en sus tipis. Por eso Huérfano vivía entre los arbustos que había en los **márgenes** de la aldea.

Por la noche, Huérfano se acercaba a las hogueras. Había una anciana que a veces era amable con él. Le daba comida y hasta le permitía sentarse cerca de su fuego.

Detente   Piensa   Escribe

VOCABULARIO

¿Por qué Huérfano vive en los márgenes de la aldea?

_____

_____

_____

Una noche, la mujer habló a Huérfano sobre los perros alce.

—Muy lejos, al sur —le explicó—, la gente vive bajo un lago gigante. Esta gente tiene animales tan grandes como los alces y tan leales y trabajadores como los perros.

Huérfano estaba **asombrado**. ¿Cómo podía haber gente viviendo bajo un lago? ¿Realmente podían existir animales tan grandes como los alces y tan trabajadores como los perros?

—Si tuviésemos los perros alce —dijo la mujer—, nuestra gente sería fuerte y libre—. Y añadió con tristeza:

—Nuestros mejores cazadores han viajado hasta ese lago para conseguir los perros alce, pero jamás han regresado.

Detente   Piensa   Escribe

INFERIR Y PREDECIR

¿Por qué crees que los mejores cazadores intentaban conseguir perros alce para la aldea?

_____

_____

_____

Aquella noche, Huérfano tomó una decisión. Conseguiría los perros alce para la aldea. Al amanecer, se puso en camino.

Durante treinta días, Huérfano caminó firme hacia el sur. Atravesó altas montañas y ríos fríos y profundos. Caminó hasta que sangraron sus pies. Finalmente llegó a un lago. Estaba hambriento, solo y agotado.

—¡Llegas tarde! —dijo una voz. Huérfano se dio la vuelta. ¡Un martín pescador le estaba hablando!

—Ven conmigo —le apremió el gran pájaro—. ¡El abuelo está esperando! —Luego se zambulló en el lago y desapareció.

Detente   Piensa   Escribe

TEMA

¿Qué rasgos personales muestra Huérfano mientras lleva a cabo su difícil tarea?

_____

_____

_____

216

Huérfano permaneció ante el agua fría del lago.
¿Debía seguir al pájaro parlante?

—Si lo hago —**razonó** el muchacho— puede que
desaparezca como los otros cazadores que vinieron por
los perros alce.

Dejando de lado sus miedos, Huérfano se sumergió
en el agua oscura. ¡Ni siquiera se mojó! De alguna
manera el agua desapareció, y Huérfano se encontró
frente a un tipi gigante.

El martín pescador estaba posado en lo alto del tipi.

—Entra en el tipi del
abuelo —dijo el pájaro.

Dentro, el tipi era cálido
y oscuro. Al final estaba
sentado el anciano abuelo.
Vestía una túnica larga y
oscura, y el pelo blanco le
llegaba hasta los hombros.

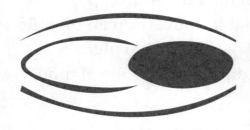

Detente Piensa Escribe

TEMA

¿Qué ayuda mágica recibe Huérfano durante su extraordinario
viaje?

_____

_____

_____

De repente aparecieron en el suelo varias ollas con comida, y Huérfano comió con avidez.

—Eres diferente de los otros que han venido —le dijo el abuelo—. Al llegar al lago, se asustaban y **abandonaban**. Tú, en cambio, has tenido el valor suficiente para sumergirte en el agua. Y por tal valentía, se te **perdonará** la vida.

En ese instante, Huérfano vio dos perros alce a través de la puerta abierta del tipi. Uno era negro como la noche; el otro era pardo con manchas blancas como la nieve. Grandes y pulcros, corrían por la hierba dorada.

Huérfano también vio fuera al martín pescador. De alguna manera, el pájaro se había convertido en un niño.

—¡Ven a cabalgar conmigo! —le dijo el niño.

Detente   Piensa   Escribe

VOCABULARIO

¿Cómo logra Huérfano que se le <u>perdone</u> la a vida?

_____

_____

_____

Los dos chicos se montaron en los perros alce y galoparon por el valle. Cabalgaron durante horas. Más tarde, mientras descansaban, Huérfano dijo:

—Quiero llevar a mi aldea algunos perros alce.

—El abuelo no te los dará sin más —le avisó el niño pájaro—. Sin embargo, si descubres su secreto te dará todos los que quieras. Intenta ver sus pies bajo la túnica. Entonces sabrás cuál es su secreto.

Durante seis días, Huérfano no se movió del tipi del abuelo. Pero nunca conseguía ver los pies del hombre. La larga túnica negra los cubría por completo. Finalmente, llegó la hora de abandonar aquella tierra misteriosa bajo el lago.

Detente   Piensa   Escribe

ESTRUCTURA DEL CUENTO

¿Qué tarea final debe realizar Huérfano para conseguir los perros alce? ¿Por qué es tan difícil de llevar a cabo?

_____

_____

_____

Mientras se despedía, Huérfano se arrodilló ante el anciano para darle las gracias. Al hacerlo, apartó suavemente el borde de la túnica. Los ojos de Huérfano se abrieron como platos. ¡En lugar de pies humanos, el abuelo tenía pezuñas de perro alce!

—¡Ahhh! ¡Has descubierto mi secreto! —exclamó el abuelo—. Ahora puedes pedirme un regalo.

El camino a casa fue fácil, ¡y Huérfano no llegó con las manos vacías! Cuando los aldeanos vieron los perros alce, invitaron a Huérfano a entrar en sus tipis. Le dieron regalos y comida, y le llamaron por su verdadero nombre. ¡Todo el mundo estuvo de acuerdo en que Flecha Larga era el mejor cazador de todos!

Detente · Piensa · Escribe

CONCLUSIONES Y GENERALIZACIONES

¿Qué te dicen los pies del abuelo acerca de él?

_____

_____

_____

1 ¿Por qué la gente de la aldea llama a los animales del sur perros alce? ¿Cómo llamamos nosotros a este animal?

> **Pista**
> Mira en las páginas 215 y 219.

_____

_____

_____

2 ¿Cómo cambia la opinión de la gente sobre Huérfano durante el cuento? ¿Por qué se produce este cambio?

> **Pista**
> Mira en las páginas 214 y 220.

_____

_____

_____

3 ¿Qué lección enseña este cuento?

_____

_____

_____

> **Pista**
> Casi todas las páginas te ayudarán a adivinar el tema del cuento.

4 ¿Cuál era el nombre real de Huérfano?

> **Pista**
> Busca una pista en la página 220.

_____

_____

_____

¡Hazte un detective de la lectura!

Vuelve a

LOUISE ERDRICH
LA CASA
DE CORTEZA
DE ABEDUL

"La casa de corteza de abedul"
Libro del estudiante,
págs. 669-679

1 **¿Cuál es el tema o mensaje principal sobre la vida que los lectores pueden aprender de este cuento?**

☐ Reírse de la gente los hace enojar.

☐ Tratar de impresionar a la gente puede causar problemas.

☐ Actuar con respeto puede sacarte de un problema.

¡Pruébalo! ¿Qué evidencia del cuento apoya tu respuesta?
Marca las casillas. ☑ Toma notas.

Evidencia	Notas
☐ Omakayas no usa las tijeras.	
☐ Omakayas se queda quieta.	
☐ Omakayas pide perdón.	

¡Escríbelo!

TEMA

Responde a la pregunta 1 usando evidencia del texto.

_____

_____

_____

_____

_____

_____

2 ¿Qué dos cosas suceden porque Omakayas trata de hacerse amiga de los cachorros?

☐ Los cachorros comen fresas que Omakayas les da.

☐ La madre osa ataca a Omakayas.

☐ Omakayas se lleva a los cachorros a casa con ella.

¡Pruébalo! ¿Qué evidencia del texto apoya tu respuesta? Marca las casillas. ☑ Toma notas.

Evidencia	Notas
☐ Omakayas tiende su mano.	
☐ Omakayas está volcada sobre su espalda.	
☐ Omakayas está inmovilizada.	

¡Escríbelo!

CAUSA Y EFECTO

Responde a la pregunta **2** usando evidencia del texto.

_____

_____

_____

_____

_____

_____

_____

expansión
extenderse
hostil
prosperar
residente

Los ranchos de Texas

Los ranchos surgieron en lo que hoy es Texas. Los vaqueros mexicanos dirigían los ranchos. En 1836, Texas se convirtió en parte de Estados Unidos. Algunos texanos se mostraron **hostiles** con los mexicanos. Echaron a muchos **residentes** mexicanos de Texas y se quedaron con su ganado.

En 1861, estalló la Guerra de Secesión. Los texanos fueron a la guerra. El ganado se quedó vagando sin control por las llanuras. Eran manadas enormes. Cuando regresaron de la guerra, los texanos acorralaron al ganado.

En 1885, sólo 35 hombres se repartían un área que **se extendía** a lo largo y ancho de 30,000 millas cuadradas. Poseían más de un millón de cabezas de ganado y un negocio en **expansión** que crecía cada día. ¡Estos rancheros **prosperaron**!

1 35 hombres poseían un área que

_____ a lo largo y ancho de

30,000 millas cuadradas.

2 Cuando Texas se convirtió en un estado, los

texanos se mostraron _____

con los mexicanos.

3 Los propietarios de los ranchos texanos

_____ durante la década de

1880.

4 ¿Qué tienen en común los residentes de tu
vecindario?

_____

_____

_____

5 La gente dice que Houston es una ciudad en
expansión. ¿Qué quieren decir con eso?

_____

_____

_____

El arreo de ganado

por Richard Stull

Hacia 1866, la mayor parte de la carne de vaca que se comía en el Este provenía de Texas. Los rancheros de Texas tenían que llevar primero el ganado hasta Chicago. Allí es donde estaban las plantas empaquetadoras de carne. La ternera se empaquetaba y se enviaba por tren a las ciudades del Este.

El traslado de ganado de un lugar a otro se denomina arreo de ganado. Los rancheros contrataban a vaqueros para que condujesen las manadas de vacas. Entre diez y doce vaqueros podían controlar una manada de 3,000 vacas.

Detente   Piensa   Escribe

SECUENCIA DE SUCESOS

¿Qué ocurre justo después de que la carne de las vacas se empaquete en Chicago?

_____

_____

_____

Los arreos de ganado comenzaban en Texas. Acababan en Sedalia, Missouri, donde estaba el ferrocarril. Desde ahí, las vacas se enviaban por tren a Chicago.

No obstante, había un problema. El sendero que llevaba a Missouri pasaba por las granjas del este de Kansas. A los **residentes** de estas granjas no les gustaba que las vacas atravesasen sus tierras. Creían que el ganado era portador de enfermedades. Además, las vacas pisoteaban y se comían sus cultivos.

Detente   Piensa   Escribe

IDEA PRINCIPAL Y DETALLES

Escribe un detalle que explique por qué a los granjeros no les gustaba que las vacas atravesasen sus tierras.

_____

_____

_____

Fue así como estallaron las disputas entre granjeros y vaqueros. Pero los vaqueros no querían luchar contra los granjeros, así que decidieron llevar las vacas por otra ruta.

Esta nueva ruta no atravesaba las granjas del este de Kansas. Finalizaba en un pueblo más al oeste de Kansas. Este pueblo era Abilene. Abilene también tenía una línea de ferrocarril que **se extendía** hasta Chicago.

Detente   Piensa   Escribe

Abilene tenía una línea de ferrocarril que <u>se extendía</u> hasta Chicago. ¿Qué significa esta oración?

_____

_____

_____

226

El arreo de ganado era un trabajo duro. La ruta de Texas a Abilene tenía una longitud aproximada de un millar de millas. Se tardaban casi dos meses en completar el recorrido. Durante ese tiempo, los vaqueros conducían el ganado por ríos y pequeñas cadenas montañosas.

Durante el día, los vaqueros guiaban al ganado a través de la ruta. Por la noche, protegían el ganado de los ladrones y estaban alerta ante posibles estampidas. Los vaqueros se turnaban para dormir y vigilar.

Detente Piensa **Escribe**

IDEA PRINCIPAL Y DETALLES

Por la noche, los vaqueros se turnaban para dormir y vigilar. ¿Cuál es la idea principal de este detalle?

_____

_____

_____

Los vaqueros conducían las vacas por el territorio indio, que entonces estaba en **expansión**. Hoy en día esta tierra es parte de Oklahoma. Los indios americanos no eran **hostiles**. De hecho, ganaban dinero gracias a los arreos de ganado. Los vaqueros tenían que pagar a las tribus diez centavos por cada vaca que atravesaba sus tierras.

Cuando llegaban al ferrocarril en Abilene, los vaqueros vendían el ganado y regresaban a Texas.

Detente **Piensa** **Escribe**

VOCABULARIO

¿Qué quiere decir el autor cuando afirma que los indios americanos no eran <u>hostiles</u>?

La era de los grandes arreos de ganado duró alrededor de veinte años. En ese tiempo, mucha gente **prosperó**. Los rancheros se hicieron ricos. Los ferrocarriles tenían mucho trabajo. Los empaquetadores de carne de Chicago y los propietarios de tiendas en pueblos como Abilene ganaron dinero. Hasta los vaqueros ganaron dinero.

Detente **Piensa** **Escribe**

IDEA PRINCIPAL Y DETALLES

¿Cuál es la idea principal de este párrafo?

_____

_____

_____

Hacia 1890, las cosas cambiaron. El ferrocarril llegó hasta Texas y otros estados del Oeste. Se construyeron plantas empaquetadoras de carne en el Oeste. Ya no era necesario que los rancheros de Texas llevasen sus vacas a Kansas. Tampoco era necesario que las vacas se enviaran por tren a Chicago. La era de los grandes arreos de ganado había llegado a su fin.

Detente   Piensa   Escribe

CAUSA Y EFECTO

Indica una razón por la que dejaron de realizarse los grandes transportes de ganado.

_____

_____

_____

Vuelve a leer y responde

1 ¿Por qué los ganaderos de Texas tenían que trasladar sus vacas hasta Chicago?

_____
_____
_____

Pista

Busca pistas en la página 224.

2 ¿Qué detalles de la historia te permiten saber que el transporte de ganado era un trabajo duro?

_____
_____
_____

Pista

Puedes encontrar pistas en las páginas 226 y 227.

3 ¿Por qué crees que los indios americanos que vivían a lo largo de la ruta no atacaban a los vaqueros durante el transporte de ganado?

_____
_____
_____

Pista

Busca pistas en la página 228.

4 ¿Te hubiera gustado participar en un transporte de ganado? Explica por qué.

_____
_____
_____

Pista

Tus respuestas a las preguntas 2 y 3 podrían ayudarte.

¡Hazte un detective de la lectura!

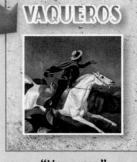

Vuelve a

"Vaqueros"
Libro del estudiante,
págs. 697–707

1 **¿Qué dos cosas aprendiste de los elementos gráficos en las páginas 700 y 701?**

☐ dónde están ubicadas las ciudades legendarias

☐ la forma de Nueva España

☐ el aspecto que tiene el ganado de cuernos largos

¡Pruébalo! ¿Qué evidencia de la selección apoya tu respuesta? Marca las casillas. ✓ Toma notas.

Evidencia	Notas
☐ el mapa en la página 700	
☐ la fotografía en la página 701	
☐ el pie de foto en la página 701	

¡Escríbelo!

CARACTERÍSTICAS DEL TEXTO Y DE LOS ELEMENTOS GRÁFICOS

Responde a la pregunta **1** usando evidencia del texto.

_____

_____

_____

_____

_____

_____

_____

2 **¿Qué dos sucesos dieron origen a los vaqueros?**

☐ la introducción del ganado vacuno y los caballos

☐ la invención del alambre de púas

☐ las expediciones españolas a las Américas

¡Pruébalo! ¿Qué evidencia de la selección apoya tu respuesta?
Marca las casillas. ☑ Toma notas.

Evidencia	Notas
☐ detalles sobre el viaje de Coronado al norte	
☐ detalles sobre la ayuda que se necesitaba en la Nueva España	
☐ detalles sobre la expansión de las manadas	

¡Escríbelo!

SECUENCIA DE SUCESOS

Responde a la pregunta ② usando evidencia del texto.

_____

_____

_____

_____

_____

_____

_____

✓ VOCABULARIO CLAVE

estremecerse
faro
pasar
percance
tormento

La ruta de Oregón

Antes de 1841, era muy difícil llegar al Oeste. ¡La gente tenía que rodear Sudamérica en barco para ir a Oregón! Más tarde se descubrió la ruta de Oregón. Entre 1841 y 1869, centenares de miles de personas **1** _____ por esta ruta para atravesar Estados Unidos.

La ruta seguía los valles de los ríos. Los monumentos naturales situados a lo largo del trayecto, como Chimney Rock, eran como

2 _____ para los viajeros. Se podían ver desde varias millas de distancia.

Sin embargo, el viaje era muy duro. A menudo la gente enfermaba, o se producían accidentes muy peligrosos en el camino que hacían

3 _____ a los viajeros.

Cualquier **4** _____ podía retrasar la marcha de la caravana. Una rueda rota, un buey que perdiese una herradura, una estampida… Todas esas cosas aminoraban el ritmo de la caravana.

Otro **5** _____ para los viajeros era el tiempo. ¡Siempre hacía demasiado calor, demasiado frío o llovía mucho! La mayor parte del viaje se hacía a pie, ya que los carromatos se usaban para cargar las pertenencias de los viajeros.

De camino a Oregón

por Sheila Boyle

—A lo mejor te estás preguntando qué está pasando en la tienda… —dijo Papá cuando empezábamos a cenar.

—¿Te refieres a la limpieza y a las cosas que estás empaquetando? —pregunté.

—He vendido la tienda —dijo Papá—. Aquí estamos muy apretados. Nos hemos unido a un grupo de familias que se trasladan al Oeste.

—¿Nos vamos de la ciudad? —pregunté balbuceando.

—Anneke, cariño —dijo Papá en voz baja—. El gobierno regala tierras en el Oeste. Si no nos vamos ahora, puede que no volvamos a tener otra oportunidad.

Detente Piensa Escribe

CAUSA Y EFECTO

¿Por qué el padre de Anneke quiere mudarse al Oeste?

_____

_____

_____

234

Una semana más tarde, mi dormitorio estaba
vacío. Mis padres habían vendido mis objetos favoritos.
En el carromato solo podía ir lo imprescindible. Todo lo
demás se tenía que quedar.

Al salir de la ciudad, Papá no mostró ningún
arrepentimiento cuando **pasamos** por delante de la
tienda. Seguía alegre, a pesar de que habíamos tenido que
deshacernos de la mayor parte de nuestras posesiones.
Dejamos la cocinilla de mamá a un lado de la carretera y, junto
a ella, mis tintas y mis dibujos. Solo me quedaba una pluma
que había metido en el forro de mi vestido.

Detente   Piensa   Escribe

CAUSA Y EFECTO

**¿Por qué crees que tuvieron que deshacerse de la mayor parte de
sus posesiones?**

_____

_____

_____

Finalmente, al cabo de seis largas y duras semanas de viaje llegamos a Independence, Missouri. La calle estaba abarrotada de gente que se apiñaba alrededor de las tiendas de aprovisionamiento y de los establecimientos comerciales.

Vi a una chica india de mi edad, que salía de una tienda. Sus ojos se encontraron con los míos, y sonrió. Me senté con ella.

—Hola —dije sonriendo—. Anneke —dije dándome unos golpecitos en el pecho.

—Geyohi —dijo ella—. Yo— Se quitó una pulsera con pequeñas cuentas azules de su muñeca y me la puso en la mía. Yo me desaté una cinta amarilla de mi trenza y se la até en el pelo. Entonces, tuve que irme un momento para ayudar a cargar cosas en nuestro carromato. Cuando volví, la chica había desaparecido.

Detente   Piensa   Escribe

CAUSA Y EFECTO

¿Por qué Anneke le dio a Geyohi su cinta amarilla?

_____

_____

_____

Lo único que deseaba era seguir con el viaje. Todavía nos quedaban 2,000 millas por recorrer. Tardaríamos cinco meses.

Tuvimos muchos problemas desde el principio. Mi hermana pequeña, Petra, sufrió un terrible **percance** mientras la caravana intentaba atravesar un río. Las corrientes de agua se hacían más violentas en los rápidos. Los encargados del transporte pusieron los carromatos, uno a uno, en una balsa. Los bueyes cruzaban el río nadando. Cuando nos llegó el turno, oí un grito. ¡Petra se había caído al agua! Al verlo, me **estremecí**.

—¡Petra! ¡Ve hacia Rorie! —grité, señalando a mi buey favorito. Nadando a contracorriente, Petra llegó hasta el buey y se agarró a él con fuerza hasta que consiguió alcanzar el otro lado del río.

Detente   Piensa   Escribe

VOCABULARIO

¿Qué percance tuvo Petra?

_____

_____

_____

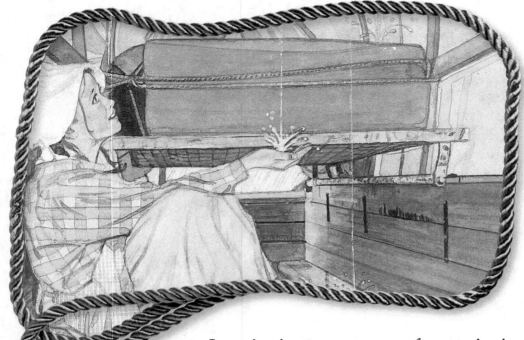

Las siguientes semanas fueron inciertas. Tuvimos que soportar el **tormento** de un aguacero. Daba igual lo que hiciésemos para impermeabilizar los carromatos, la lluvia siempre encontraba la manera de entrar.

Luego el paisaje cambió. No había árboles, solo rocas enormes, y la pradera seca y abrasadora. A veces, por la noche, la gente hablaba sobre las cosas que construirían en la nueva tierra. Yo pregunté:

—¿No vive nadie allí?

—Los indios vivían allí —dijo el jefe de la caravana—, pero ahora ya no están.

El gobierno había prometido a los indios que conservarían sus tierras, pero ahora estaba rompiendo su promesa.

Me alejé enfadada. ¿Qué pasaba con Geyohi? Su familia también necesitaba una tierra.

Detente Piensa Escribe

VOCABULARIO

¿Por qué el aguacero era un <u>tormento</u> para los miembros de la caravana?

_____

_____

_____

Un día, alcanzamos la cima de una colina. El Fuerte Hall brilló a la luz de la mañana como un **faro**. ¡Habíamos llegado a Oregón!

Al cabo de poco apareció un paisaje exuberante, verde y lleno de árboles. La gente aplaudió. Los hombres lanzaron sus sombreros al aire. Algunos hasta besaron el suelo.

Mi familia pasó dos meses muy duros despejando de árboles las tierras de pastura. Ha llegado el invierno y todavía seguimos viviendo en nuestra pequeña cabaña de cartón alquitranado. La mejor noticia es cómo se siente Papá. Está feliz y tiene grandes planes para el futuro. Aquí construirá un granero. Allí, una granja. Y más allá, unos establos.

El día de mi cumpleaños me sorprendió con un regalo muy especial: una botella de tinta para que pudiese escribir mi diario.

Detente Piensa Escribe

COMPRENDER A LOS PERSONAJES

Describe la relación entre Anneke y su padre.

_____

_____

_____

¿Qué distancia se recorría en un día?

Muchas veces, la caravana solo podía cubrir de diez a quince millas diarias. Los días lluviosos o aquellos en los que el terreno estaba embarrado, podía no llegar a avanzar más de una sola milla. Estos pioneros tardaban entre cinco y seis días en recorrer la distancia que podemos hacer en una hora yendo en auto.

Vida y muerte de la ruta de Oregón

Casi una de cada diez personas que recorrieron la ruta de Oregón no sobrevivieron al viaje. Las dos causas de muerte más importantes fueron las enfermedades y los accidentes.

Tiempo inclemente

Feroces tormentas eléctricas, terribles granizadas, vientos fuertes, tormentas de nieve, relámpagos, tornados y calores desérticos provocaron que muchos viajeros se dieran media vuelta.

Detente   Piensa   Escribe

CONCLUSIONES Y GENERALIZACIONES

¿De qué manera estos hechos te ayudan a comprender mejor el coraje y la iniciativa de los pioneros?

_____

_____

_____

Vuelve a leer y responde

1 ¿Cuál fue la causa de que la gente emprendiese un viaje tan duro a través del país en carromatos?

_____

_____

_____

Pista

Busca pistas en la página 234.

2 ¿Cómo salvó Anneke la vida de Petra?

_____

_____

_____

Pista

Busca una pista en la página 237.

3 ¿Cómo describirías al padre de Anneke?

_____

_____

_____

Pista

Busca pistas en las páginas 234 y 239.

4 ¿Qué efecto crees que tuvo en Anneke el viaje al Oeste? Explica tu respuesta.

_____

_____

_____

Pista

Puedes encontrar pistas en casi todas las páginas.

¡Hazte un detective de la lectura!

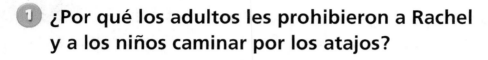

"El diario de Rachel"
Libro del estudiante,
págs. 725–735

1 **¿Por qué los adultos les prohibieron a Rachel y a los niños caminar por los atajos?**

☐ Tenían miedo de que los niños se volvieran a perder.

☐ Tenían miedo de las condiciones climáticas extremas.

☐ Tenían miedo de que los niños se encontraran con indios hostiles.

¡Pruébalo! ¿Qué evidencia del cuento apoya tu respuesta?
Marca las casillas. ✓ Toma notas.

Evidencia	Notas
☐ los sucesos en los atajos	
☐ los sucesos cuando los niños regresan	
☐	

¡Escríbelo!

CAUSA Y EFECTO

Responde a la pregunta **1** usando evidencia del texto.

_____

_____

_____

_____

_____

_____

2 **¿Por qué las mujeres en las carretas "se pusieron contentas al principio, pero después se enojaron" cuando Rachel y los niños regresaron?**

☐ Estaban contentas de ver a los niños, pero enojadas por el estado en que tenían la ropa.

☐ Estaban contentas de que los niños estaban sanos y salvos, pero enojadas porque habían estado preocupadas.

☐ otro _____

¡Pruébalo! ¿Qué evidencia del cuento apoya tu respuesta? Marca las casillas. ☑ Toma notas.

Evidencia	Notas
☐ los sucesos del 16 de mayo	
☐ las preocupaciones de los adultos sobre lo que podría ocurrir	
☐	

¡Escríbelo!

CONCLUSIONES Y GENERALIZACIONES

Responde a la pregunta 2 usando evidencia del texto.

_____

_____

_____

_____

_____

_____

_____

✓ **VOCABULARIO CLAVE**

continuar
cordillera
cumplir
expedición
viaje

Los primeros exploradores estadounidenses

A principios de 1800, los exploradores recorrían largas distancias a pie. Un **viaje** podía representar cientos de millas. Los exploradores no dejaban de caminar.

Una **expedición** podía durar meses, o incluso años. El objetivo podía ser explorar una nueva zona o encontrar rutas que conectasen mejor dos lugares.

Atravesar una **cordillera** montañosa era todo un reto. Los exploradores no podían rodear los grupos de montañas. A menudo recurrían a la gente del lugar para que les mostrase los mejores caminos a través de las montañas.

Muchos viajes se detenían durante el invierno. Era difícil viajar a través de la nieve. Los viajes **continuaban** en primavera, cuando el tiempo mejoraba.

A menudo los exploradores **cumplían** sus objetivos y hallaban lo que buscaban. Pero incluso si no era así, a sus esfuerzos no eran en vano. Cualquier información nueva sobre el terreno resultaba útil.

1. Después de detenerse en invierno, los viajes _____ en primavera.

2. Los exploradores podían estar de _____ durante meses o incluso años.

3. Para los exploradores, atravesar una _____ montañosa era un reto.

4. ¿Preferirías hacer un <u>viaje</u> a pie a través de una selva tropical o de una montaña nevada?

_____

_____

_____

5. Habla sobre algún objetivo que hayas <u>cumplido</u>.

_____

_____

_____

El defensor de la vida salvaje

por Mía Lewis

Ya desde chiquito, a John Muir le encantaba estar en contacto con la naturaleza. Trabajaba muy duro en la granja de su padre. Tenía muy poco tiempo libre, pero dedicaba todo el que podía a explorar el mundo natural.

John Muir no tenía mucha educación académica. La mayor parte de las cosas que sabía las había aprendido por sí mismo. Se levantaba muy temprano cada mañana para leer antes de ponerse a trabajar. Muir también era inventor. ¡Uno de sus inventos fue un despertador que lo echaba de la cama!

Detente Piensa Escribe

PROPÓSITO DEL AUTOR

¿Por qué crees que la autora habla sobre el despertador que inventó John Muir?

_____

_____

_____

Más tarde, Muir fue a la universidad. Pero pronto la abandonó, diciendo que prefería la "Universidad de la Vida Salvaje". Se trasladó a Canadá, donde trabajó en una fábrica de escobas. La fábrica se quemó, y Muir regresó a Estados Unidos.

Estaba trabajando en Indiana cuando se lastimó un ojo y, durante un instante, perdió la vista. Este suceso cambió su vida. Decidió viajar y dedicar tanto tiempo como fuese posible a ver el mundo. Realizó un **viaje** a pie de 1,000 millas hasta el Golfo de México.

Detente   Piensa   Escribe

PROPÓSITO DEL AUTOR

¿Por qué la autora pone "Universidad de la Vida Salvaje" entre comillas?

_____

_____

_____

Muir dedicó gran parte de los siguientes cuarenta años a recorrer el mundo. En sus **expediciones** exploró lugares salvajes. En el Oeste encontró unas montañas que le fascinaron. En esta **cordillera** montañosa se encontraba el sitio favorito de Muir: el valle de Yosemite.

Muir pasó mucho tiempo en Yosemite. Lo aprendió todo sobre la geología y la ecología del valle. Pronto se convirtió en guía del lugar. La gente venía de todo el país para visitarlo.

Detente   Piensa   Escribe

VOCABULARIO

Escribe otra palabra que signifique lo mismo que <u>expedición</u>.

_____

_____

_____

Muir era algo más que un simple guía turístico.
También trabajaba para proteger la zona. Quería que
siguiera siendo salvaje. Se alegró cuando el Congreso
creó el Parque Nacional de Yosemite. De esa manera
nadie podría urbanizar en la zona.

Yosemite no fue la única preocupación de Muir.
También fundó el Club Sierra para preservar los lugares
salvajes. Esta asociación trabajó para proteger las áreas
naturales. De hecho, ¡el club todavía se mantiene en
plena forma!

Detente   Piensa   Escribe

CONCLUSIONES Y GENERALIZACIONES

**¿Qué quiere decir la autora cuando exclama que el Club Sierra
sigue estando en plena forma?**

_____

_____

_____

247

Después de casarse, Muir se fue a vivir a una granja y tuvo dos hijos. Pero no le gustaba estar siempre en el mismo sitio. Pronto **continuó** con sus viajes y con sus escritos.

En total, Muir escribió diez libros y trescientos artículos. Los artículos se publicaron en las revistas más importantes de la época. Esto significa que sus palabras llegaron a un gran número de personas. Estos lectores prestaban mucha atención a todo lo que tenía que decir.

Detente Piensa Escribe

VOCABULARIO

¿Alguna vez has interrumpido una actividad y luego la has <u>continuado</u>? Explica tu respuesta.

_____

_____

_____

Algunas personas valoran la tierra si pueden sacar dinero de ella. Muir valoraba la tierra virgen. Creía que los lugares que conservan su belleza natural son nuestro mayor tesoro.

Las ideas de Muir cambiaron la manera de pensar de la gente. Incluso cambiaron la manera de pensar del presidente de Estados Unidos. Theodore Roosevelt estuvo tres días de acampada con Muir. Escuchó sus ideas y más tarde decidió reservar algunas zonas para parques nacionales, bosques y monumentos naturales.

Detente Piensa Escribe

CAUSA Y EFECTO

¿Cómo han influido las ideas de Muir en la actual manera de ser de Estados Unidos?

_____

_____

_____

John Muir cambió nuestro país. Trabajó para preservar Yosemite y otras zonas salvajes. Los objetivos por los que luchó se **cumplieron** cuando el Congreso creó el Servicio de Parques Nacionales. Esto ocurrió tan solo dos años después de la muerte de Muir. Hoy en día, todo el mundo puede visitar los parques nacionales.

Muir luchó durante toda su vida para proteger el medio ambiente. ¿Qué pasaría si John Muir estuviese vivo? ¡Sería un hombre muy ocupado!

Detente Piensa Escribe

INFERIR Y PREDECIR

¿Qué quiere decir la autora cuando afirma que si John Muir estuviese vivo sería un hombre muy ocupado?

_____

_____

_____

Vuelve a leer y responde

1 ¿Cómo era John Muir cuando era joven?

_____

_____

_____

Pista

Busca pistas en las páginas 244 y 245.

2 ¿De qué manera un accidente cambió para siempre la vida de John Muir?

_____

_____

_____

Pista

Busca una pista en la página 245.

3 ¿Cuál era la intención de la autora al escribir sobre John Muir?

_____

_____

_____

Pista

¡Hay pistas en todas las páginas!

4 Indica algunas cosas que empezó o por las que trabajó John Muir y que siguen vigentes hoy en día.

_____

_____

_____

Pista

Busca pistas en las páginas 247, 249 y 250.

¡Hazte un detective de la lectura!

Vuelve a

Lewis y Clark

"Lewis y Clark"
Libro del estudiante,
págs. 753–763

1 **¿Cómo apoya el autor la idea principal de que era muy difícil cruzar las montañas Rocosas?**

☐ con detalles sobre el ambiente, Sacagawea y el clima

☐ con detalles sobre el clima, el ambiente y la comida

☐ con detalles sobre la comida, los animales de carga y Sacagawea

¡Pruébalo! ¿Qué evidencia del texto apoya tu respuesta?
Marca las casillas. ✓ Toma notas.

Evidencia	Notas
☐ la descripción de los senderos	
☐ los detalles sobre el clima	
☐ los detalles sobre la escasez de animales de caza	

¡Escríbelo!

IDEAS PRINCIPALES Y DETALLES

Responde a la pregunta **1** usando evidencia del texto.

_____

_____

_____

_____

_____

_____

_____

2 **¿Qué sucedió como resultado de la reunión con el jefe Cameahwait? Elige todas las respuestas correctas.**

☐ El jefe les ofreció un guía.

☐ El jefe les dio caballos.

☐ Sacagawea se reunió con su hermano.

¡Pruébalo! ¿Qué evidencia de la selección apoya tu respuesta? Marca las casillas. ☑ Toma notas.

Evidencia	Notas
☐ el comportamiento de Sacagawea durante la reunión	
☐ cómo se comportaron los shoshones durante la reunión	
☐ detalles sobre lo que les dio el jefe	

St.Louis

¡Escríbelo!

CAUSA Y EFECTO

Responde a la pregunta **2** **usando evidencia del texto.**

_____

_____

_____

_____

_____

estupendo
número
idéntico
gradualmente
molestar

Migración animal

Muchos animales migran cada año. Viajan de un sitio a otro. Más tarde, a lo largo del año, regresan al punto **1** _____ del que partieron. Esto es algo asombroso, ya que algunos animales llegan a recorrer distancias enormes.

Una bandada de centenares de miles de aves migratorias puede ser una vista **2** _____. La pardela pichoneta es un ave que puede llegar a vivir 50 años. Cada año migra desde Europa hasta Sudamérica y vuelve al punto de partida. ¡Estos pájaros recorren como mínimo un millón de millas a lo largo de su vida!

Volar este tipo de distancias es difícil. ¡Pero nadarlas lo es aun más! Algunas ballenas grises migran de Alaska a México y luego regresan. El viaje de estas ballenas progresa ③ _____. Tan solo recorren tres millas por hora.

Los pingüinos y los peces también migran nadando. El salmón del Pacífico migra del agua salada al agua dulce. Recorre centenares de millas desde el océano hasta los ríos, nadando corriente arriba. La construcción de presas ha ④ _____ la migración del salmón. Por eso se han construido rampas en las presas, para ayudar al gran ⑤ _____ de salmones que migra.

El largo vuelo

por Mia Lewis

La migración de la mariposa monarca

Estamos en la frontera entre Canadá y Estados Unidos. Es finales de agosto. Una **estupenda** mariposa monarca se esfuerza por salir de la crisálida. Esta mariposa es diferente de sus padres y abuelos. No pone huevos inmediatamente, como la mayoría de las hembras. Vivirá mucho más que las monarcas que nacieron en verano.

Esta mariposa hará un viaje asombroso, al igual que millones como ella. Irá a sus refugios de invierno en México y el sur de California.

Detente   Piensa   Escribe

VOCABULARIO

Escribe el nombre de un animal que te parezca <u>estupendo</u>.

_____

_____

_____

La monarca volará a mucha altura. Puede alcanzar una altura de casi dos millas. Batirá sus alas entre cinco y veinte veces por segundo. Recorrerá un gran **número** de millas hasta un lugar que nunca ha visto.

Pronto habrá millones de mariposas monarca en el aire. Una monarca suele vivir sola, pero cuando viaja lo hace con un grupo numeroso de otras monarcas. Sorberán el néctar de las flores que encuentren por el camino. Esto les proporcionará la energía que necesitan para el viaje.

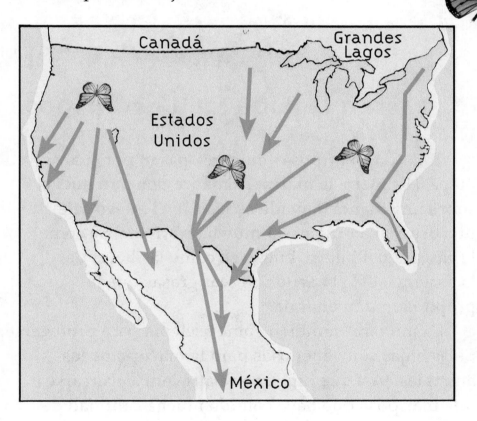

Detente Piensa Escribe

TEMA

¿Qué tienen de especial las mariposas monarca?

_____

_____

_____

Huevo

Larva (oruga)

Etapas en la vida de la mariposa monarca

Todas las mariposas monarca pasan por cuatro etapas. Primero, la mariposa madre pone un huevo sobre una planta llamada *asclepia*. Del huevo sale una oruga. La oruga está muy hambrienta. Se come la cáscara del huevo. Luego se come las hojas de la asclepia. Esto la ayuda a crear grasas que le proporcionarán energía.

La monarca también come asclepia para protegerse. Estas hojas son venenosas para la mayoría de los animales. ¡Así que ninguno se atreverá a acercarse a una mariposa que haya comido mucha cantidad de esta planta!

Detente · Piensa · Escribe

ELEMENTOS DEL TEXTO Y GRÁFICOS

Mira el diagrama de esta página. ¿Qué dos nombres se utilizan para referirse a la segunda etapa de la vida de la mariposa monarca?

_____

_____

_____

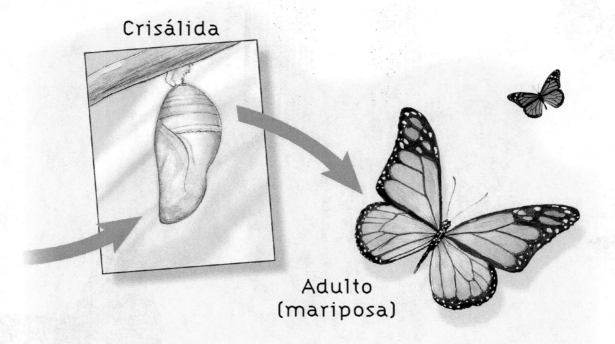

Crisálida

Adulto
(mariposa)

La oruga fabrica una crisálida. En su interior, va cambiando **gradualmente**. Finalmente, de la crisálida ¡sale una mariposa! Descansa un tiempo. Espera a que sus alas se sequen. Cuando estén secas, la monarca podrá volar. Todas las monarcas son de color naranja y negro. Se parecen mucho entre sí. Pero no son **idénticas**.

Los días más cortos y más fríos le indican a la monarca que es el momento de marcharse. Inicia su largo vuelo. Los científicos desconocen cómo sabe adónde ir. Creen que es posible que use la posición del sol para saber qué dirección debe tomar.

Detente   Piensa   Escribe

SECUENCIA DE SUCESOS

Escribe en orden lógico las etapas de la vida de la mariposa monarca: crisálida, huevo, mariposa, larva.

_____

_____

Volando hacia el sur

La distancia que separa a la monarca de las tierras de invierno puede ser de hasta tres mil millas. Además, el viento o el mal tiempo pueden desviar a la mariposa de su camino. La monarca deja de volar si el viento es demasiado fuerte. También se detiene si llueve o si hace demasiado calor.

El viaje dura alrededor de dos meses. Cuando finalmente llegue a su destino, se encontrará con millones de mariposas. Cada año, las monarcas van a los mismos árboles. Se apiñan en las ramas para mantenerse calientes.

Detente Piensa Escribe

CAUSA Y EFECTO

¿Por qué la mariposa monarca interrumpe su vuelo si el viento es fuerte?

_____

_____

_____

De vuelta a casa

Durante el invierno se juntan miles y miles de monarcas. Finalmente, llega la primavera. La monarca se prepara para el viaje de vuelta. Pero no podrá completar el recorrido. Morirá por el camino.

La monarca pone huevos antes de morir. De estos huevos saldrán crías que seguirán las mismas etapas hasta convertirse en mariposas. Entonces continuarán el largo viaje de vuelta a su hogar de verano.

Detente   Piensa   Escribe

TEMA

¿Por qué son tan asombrosas las mariposas monarca?

_____

_____

_____

259

Las monarcas, en peligro

El ciclo empezará de nuevo. El verano llegará y se irá. Varios grupos de monarcas vivirán su vida. Luego se acercará el otoño. Las últimas monarcas de verano se prepararán para su viaje.

Actualmente, las monarcas se enfrentan a nuevos peligros. Las actividades humanas **molestan** su modo de vida. Ya no les quedan muchos lugares seguros. Hasta sus refugios de invierno están en peligro, ya que se están talando los árboles. Los científicos quieren proteger los árboles de estas zonas. Eso ayudará a las mariposas.

Detente   Piensa   Escribe

VOCABULARIO

¿De qué otra manera se puede decir "molestan su modo de vida"?

_____

_____

_____

260

Vuelve a leer y responde

1 ¿Qué tienen de especial las últimas mariposas monarca que nacen cada verano?

_____

_____

_____

Pista

Busca pistas en la página 254.

2 ¿Hasta qué altura puede volar una mariposa monarca?

_____

_____

_____

Pista

Busca pistas en la página 255.

3 ¿Qué información te da el mapa de la página 255 sobre los lugares donde puedes encontrar mariposas monarca durante el verano?

_____

_____

_____

Pista

¿En qué parte del país comienzan las flechas?

4 ¿Qué resulta tan increíble del viaje de la mariposa monarca hacia el lugar de su descanso invernal?

_____

_____

_____

Pista

Busca pistas en la página 255 y en la 258 a la 260.

¡Hazte un detective de la lectura!

"¿Por qué es azul el cielo?"
Revista del estudiante,
págs. 4–9

1 **¿Por qué son útiles las leyendas y las fotografías de la selección?**

☐ Hacen que la revista sea más divertida para leer.

☐ Ayudan a explicar información del texto.

☐ Muestran lugares hermosos.

¡Pruébalo! ¿Qué evidencia de la selección apoya tu respuesta? Marca las casillas. ☑ Toma notas.

Evidencia	Notas
☐ detalles sobre la luz	
☐ información sobre los colores	
☐ información sobre el ozono	

¡Escríbelo!

CARACTERÍSTICAS DEL TEXTO Y DE LOS ELEMENTOS GRÁFICOS

Responde a la pregunta **1** usando evidencia del texto.

_____

_____

_____

_____

_____

_____

2 **¿Cuál es la idea principal de la sección "Las ondas lumínicas"?**

☐ El agua tiene ondas grandes y pequeñas.

☐ La luz del Sol tropieza con muchos obstáculos.

☐ El color del cielo se debe a las propiedades de la luz.

¡Pruébalo! ¿Qué evidencia de la selección apoya tu respuesta? Marca las casillas. ☑ Toma notas.

Evidencia	Notas
☐ detalles sobre la luz	
☐ detalles sobre la composición del aire	
☐ detalles sobre los colores	

¡Escríbelo!

IDEA PRINCIPAL Y DETALLES

Responde a la pregunta **2** usando evidencia del texto.

_____

_____

_____

_____

_____

_____

adaptar
conservar
entusiasmado
disponible
parecerse

Los guías de las cuevas

En las visitas turísticas a las cuevas, el guía lleva a los visitantes a través de la cueva. El guía lo sabe todo acerca de las características del paisaje que hay en el interior de la cueva. Sabe qué zonas están

1 _____ para ser visitadas y cuáles son demasiado peligrosas o están demasiado lejos para ser exploradas.

El guía utiliza un equipo especial

2 _____ para ser utilizado en una cueva. Por ejemplo, el casco no es un casco normal y corriente. Está equipado con una linterna potente que ilumina la parte delantera.

Sin un guía, los visitantes podrían perderse. En una cueva hay muchos caminos y espacios que

3 _____ entre sí. Hay visitantes que serían incapaces de distinguirlos. Afortunadamente, el guía los conoce todos perfectamente.

Parte del trabajo de un guía es

4 _____ la cueva. El guía debe protegerla de posibles daños. Tiene que asegurarse de que los visitantes no tiren basura al suelo.

Durante las visitas, el guía se muestra

5 _____ porque quiere que los visitantes puedan admirar las bellezas naturales de las cuevas, como las estalactitas y las estalagmitas.

Una visita a una cueva

por Mia Lewis

—¡Bienvenidos al mundo de las cuevas! —dijo el profesor Collins. El grupo de exploradores estaba de pie en la boca de una cueva oscura—. Les presento a Min. Graba vídeos para una página web sobre naturaleza. Hoy grabará nuestra visita.

—La exposición de cuevas de tu página web es genial —dijo Hadley. Era uno de nuestros exploradores.

—Ey, gracias, pero yo no hice esa exposición. De hecho, ¡es mi primera visita a una cueva! —dijo Min.

—No te preocupes —dijo Hadley—. Todo irá bien.

Detente **Piensa** **Escribe**

IDEA PRINCIPAL Y DETALLES

¿Qué están a punto de hacer los exploradores?

_____

_____

_____

—Los exploradores de cuevas se llaman espeleólogos —dijo Jordan—. Y el estudio de las cuevas es la espeleología.

—En estas cuevas, el terreno puede ser peligroso —dijo el profesor Collins—. Algunas zonas no están **disponibles** para las visitas.

—¿Por dónde vamos? —preguntó Lane—. Todos los caminos **se parecen** entre sí—. Parecía nerviosa.

—Sí, por eso es fácil perderse —advirtió el profesor—. Pero conozco estas cuevas. Simplemente, procuremos no separarnos.

El profesor Collins encabezó el grupo, que empezó a descender por el túnel.

Detente   Piensa   Escribe

VOCABULARIO

¿De qué otra manera puedes decir que dos cosas <u>se parecen</u>?

_____

_____

_____

—Cuidado con la cabeza —dijo Hadley a Min—. Los golpes con las estalactitas duelen mucho.

—¿Qué es una estalactita? Me temo que no sé mucho sobre cuevas —admitió Min.

—Una estalactita es como un carámbano de piedra —explicó Hadley—. Cuelga del techo de la cueva.

—Las grandes pueden tardar miles de años en formarse —dijo Carmen.

—El agua rica en minerales va goteando del techo. Lentamente se va endureciendo hasta convertirse en una fina formación de piedra —dijo Jordan. Parecía que lo estuviese leyendo de un libro.

Detente   Piensa   Escribe

IDEA PRINCIPAL Y DETALLES

¿Cómo se forman las estalactitas?

_____

_____

—Las estalactitas pueden estar coloreadas por minerales diferentes —añadió el profesor—. Pueden ser rojas, azules, amarillas o de otros colores.

—¿Esto del suelo también son estalactitas? —preguntó Min.

—¡No! Esto son estalagmitas —explicó Carmen—. Se forman a partir del goteo del agua que cae del techo. ¡Me encantan!

El profesor Collins les dijo que las formas rocosas no eran tan resistentes como parecían. Les advirtió que no tocaran nada. **Conservar** los tesoros de la cueva era tan importante como explorarla. Min grabó un buen plano de la escena.

Detente Piensa Escribe

CAUSA Y EFECTO

¿Por qué las estalagmitas se elevan desde el suelo de la cueva?

_____

_____

_____

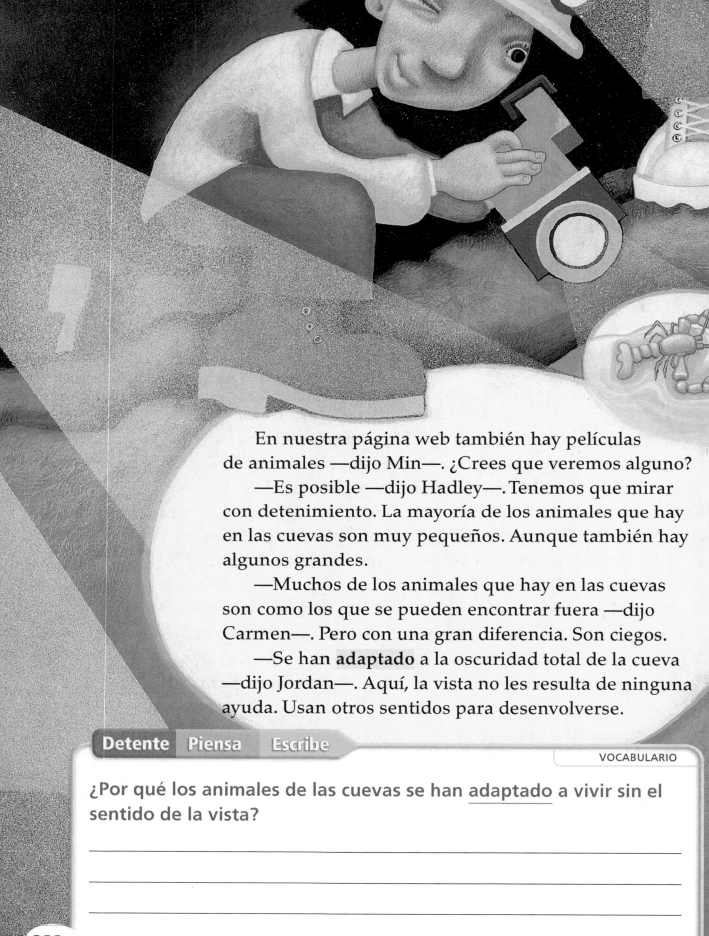

En nuestra página web también hay películas de animales —dijo Min—. ¿Crees que veremos alguno?

—Es posible —dijo Hadley—. Tenemos que mirar con detenimiento. La mayoría de los animales que hay en las cuevas son muy pequeños. Aunque también hay algunos grandes.

—Muchos de los animales que hay en las cuevas son como los que se pueden encontrar fuera —dijo Carmen—. Pero con una gran diferencia. Son ciegos.

—Se han **adaptado** a la oscuridad total de la cueva —dijo Jordan—. Aquí, la vista no les resulta de ninguna ayuda. Usan otros sentidos para desenvolverse.

Detente   Piensa   Escribe

VOCABULARIO

¿Por qué los animales de las cuevas se han adaptado a vivir sin el sentido de la vista?

_____

_____

_____

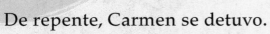

De repente, Carmen se detuvo.

—¡Miren! ¡Un cangrejo de río!

—Los murciélagos también viven en las cuevas —dijo Jordan **entusiasmado**—. No son ciegos, a pesar de lo que dice la gente.

—¿No son peligrosos? —preguntó Lane—. ¿No transmiten enfermedades?

—Bueno, algunos murciélagos transmiten la rabia. Es mejor evitar el contacto con ellos —advirtió Hadley—. Pero no te preocupes. ¡Los murciélagos también querrán evitarte!

—Los murciélagos son útiles para comprobar el número de insectos que hay en la cueva. Comen miles cada noche —explicó Jordan—. ¡Un murciélago pequeño puede comer unos 600 insectos en una hora!

Detente   Piensa   Escribe

COMPRENDER A LOS PERSONAJES

¿Cómo describirías a Lane?

_____

_____

_____

—¡Chicos! ¡Enfoquen las linternas hacia arriba!
—dijo Carmen.

—¿Qué son esas cosas peludas que hay allí?
—exclamó Lane.

—Hmm. Creo que son murciélagos grises
—respondió Jordan.

—¡Uau! —dijo Min—. ¡Miren cuántos hay! Espero
que no los molestemos. ¿Suelen moverse tanto?

—¡Solo cuando se preparan para volar! —dijo
Hadley.

—¡Rápido! —dijo Carmen—. ¡Que todo el mundo
se agache! ¡Dejen paso a los murciélagos!

Detente   Piensa   Escribe

INFERIR Y PREDECIR

¿Crees que los exploradores están en peligro? Explica tu respuesta.

_____

_____

_____

Vuelve a leer y responde

1 ¿Qué hacen los espeleólogos?

_____

_____

_____

Pista

Busca una pista en la página 265.

2 ¿Cuánto sabe Min sobre cuevas? Explica tu respuesta.

_____

_____

_____

Pista

Busca pistas en las páginas 266 y 267.

3 Escribe tres palabras que describan a Jordan.

_____

_____

_____

Pista

Busca pistas por todo el relato.

4 Compara a Carmen y a Lane. ¿Cuál de ellas se lo está pasando mejor?

_____

_____

_____

Pista

Busca pistas por todo el relato.

¡Hazte un detective de la lectura!

Vuelve a

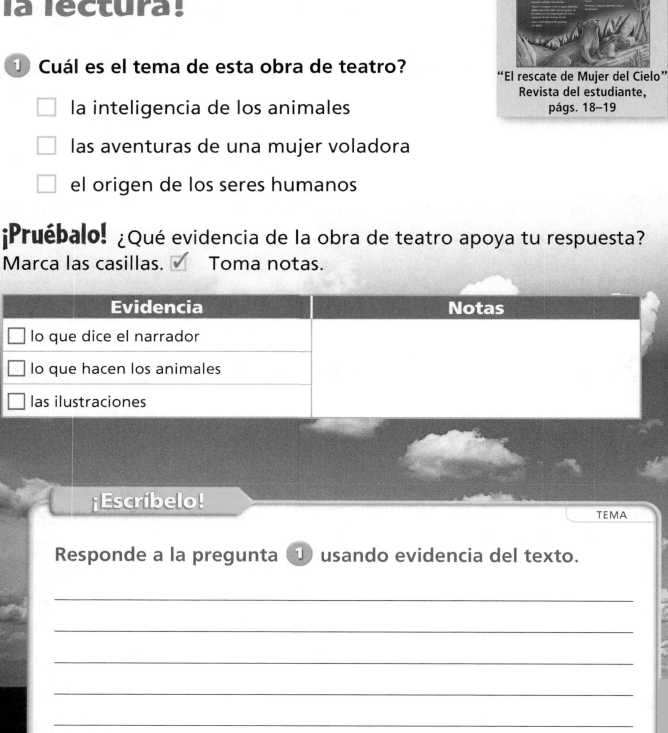

"El rescate de Mujer del Cielo"
Revista del estudiante,
págs. 18–19

1 **Cuál es el tema de esta obra de teatro?**

☐ la inteligencia de los animales

☐ las aventuras de una mujer voladora

☐ el origen de los seres humanos

¡Pruébalo! ¿Qué evidencia de la obra de teatro apoya tu respuesta?
Marca las casillas. ☑ Toma notas.

Evidencia	Notas
☐ lo que dice el narrador	
☐ lo que hacen los animales	
☐ las ilustraciones	

¡Escríbelo!

TEMA

Responde a la pregunta **1** usando evidencia del texto.

_____

_____

_____

_____

_____

_____

_____

2 **¿Qué palabras describen a los animales?** Elige todas las respuestas correctas.

☐ curiosos ☐ ingeniosos

☐ decididos ☐ crueles

¡Pruébalo! ¿Qué evidencia de la obra de teatro apoya tu respuesta? Marca las casillas. ☑ Toma notas.

Evidencia	Notas
☐ detalles sobre las cosas que hacen los animales	
☐ detalles sobre la curiosidad de los animales	
☐ detalles sobre las ideas de los animales	

¡Escríbelo!

COMPRENDER A LOS PERSONAJES

Responde a la pregunta 2 usando evidencia del texto.

_____

_____

_____

_____

_____

_____

_____

**aspecto
inspeccionar
previamente
punto de vista
rural**

Texas
hace doscientos años

Hace mucho tiempo, Texas era diferente de como es ahora. Uno de los **1** _____ que han cambiado es la propiedad de la tierra. Originalmente, la tierra estaba ocupada solo por indios americanos. No había ciudades. El área era exclusivamente **2** _____.

▲ **Un pueblo**

▲ **Un edificio español en San Antonio**

Ahora Texas forma parte de Estados Unidos. Pero **3** _____ había pertenecido, en diferentes épocas, a México, España y Francia. El **4** _____ de estas naciones era el mismo: Texas nos pertenece a nosotros. La única cosa que cambiaba era quién era el "nosotros".

Hace doscientos años, Texas era un estado español. Los exploradores y los cartógrafos españoles habían **5** _____ Texas durante cientos de años. Los españoles construyeron las ciudades de San Antonio, Goliad y Nacogdoches. Aun así, hace doscientos años solo había unas 7,000 personas viviendo en Texas.

Las múltiples caras de Rolling Hills

por Richard Stull

¿Conoces Rolling Hills? Es un pequeño pueblo situado cerca de High Falls Park, a unas veinte millas de la ciudad. Apenas había reparado en este sitio hasta hace un mes, cuando mamá y yo fuimos a visitar a mi tía.

Una de las mejores cosas de aquella visita fue el pastel de melocotón de mi tía. Otra fue lo que aprendí sobre Rolling Hills. Me proporcionó un nuevo **punto de vista** sobre la zona, y me hizo cambiar mi manera de pensar sobre los lugares en los que vive la gente.

Detente **Piensa** **Escribe**

VOCABULARIO

¿Cuál es el <u>punto de vista</u> del protagonista sobre el pastel de melocotón de su tía?

_____

_____

274

Mi tía se trasladó a Rolling Hills hace tres meses.
Su casa parece recién construida. En mi mente, todo
el pueblo parece recién construido. Las calles están
bordeadas de casas, probablemente vivan muchas familias
allí. Vi a unos niños jugando en los jardines y montando
en bicicleta por las calles. Es un gran sitio para vivir.

Detente Piensa Escribe

CONCLUSIONES Y GENERALIZACIONES

¿En dónde piensas que vive el narrador del cuento?

_____

_____

_____

Estaba en el jardín de mi tía cuando observé un viejo edificio a lo lejos. Tenía las paredes derruidas. Le pregunté a mi tía qué hacía un edificio tan viejo como aquel en un lugar tan nuevo como Rolling Hills.

Mi tía me contó que Rolling Hills no había sido siempre como ahora. Me dijo que todo aquel terreno había sido **previamente** una granja. Me quedé asombrado. No podía creer que todas aquellas casas y jardines se hubiesen construido en lo que alguna vez fueron las tierras de una granja.

Detente   Piensa   Escribe

VOCABULARIO

¿Qué quiere decir la tía del protagonista cuando afirma que el terreno había sido <u>previamente</u> una granja?

_____

_____

_____

Le pregunté a mi tía sobre otros **aspectos** de Rolling Hills que hubiesen cambiado. Por supuesto, me dijo que si quería averiguarlo tendría que ir a la biblioteca. Todas las tías son iguales. Sin embargo, hice caso de su consejo.

La bibliotecaria me ayudó a encontrar artículos sobre Rolling Hills. Efectivamente, había sido una granja con grandes terrenos y un granero. El ganado pastaba por los campos, justo donde ahora estaban las casas.

Detente   Piensa   Escribe

HECHOS Y OPINIONES

La oración "Todas las tías son iguales", ¿establece un hecho o una opinión?

_____

_____

_____

Entonces empecé a pensar cómo debía ser aquel lugar antes de ser una granja. Esta vez la bibliotecaria me indicó varios libros sobre la historia local del condado. De mis lecturas aprendí que Rolling Hills no era una granja hace doscientos años, era un bosque. No había ningún parque cerca y no había ninguna ciudad. Tampoco estaba la biblioteca.

Los colonos llegaron, **inspeccionaron** el terreno y llegaron a la conclusión de que eran las únicas personas que había por allí. Por supuesto, estaban equivocados.

Detente   Piensa   Escribe

INFERIR Y PREDECIR

Describe cómo era la zona de Rolling Hills hace doscientos años.

_____

_____

_____

Los indios americanos vivían en aquella zona. Llevaban cientos de años viviendo antes de que llegaran los colonos. Por aquel entonces, todo el terreno estaba ocupado por un bosque espeso. Durante siglos, nadie hizo cambios en la tierra.

Los indios cazaban en el bosque y pescaban en los ríos. Los veranos debían de ser muy bonitos. Pero es probable que los inviernos fuesen bastante duros.

Detente   Piensa   Escribe

CONCLUSIONES Y GENERALIZACIONES

¿Cómo crees que cambió la vida de los indios americanos cuando llegaron los colonos?

_____

_____

_____

Sé que es difícil creer que este pueblo tan concurrido fuese en su día una zona completamente **rural**. Sin embargo, es cierto.

Hasta ahora he descubierto que Rolling Hills es mucho más interesante de lo que podía imaginar, y he investigado cómo era la zona hace algunos siglos. Me pregunto cómo debió de ser hace mil años, o hace diez mil años. Seguramente había diferentes tipos de árboles. Puede que las colinas no fuesen tan empinadas. Tal vez había bueyes almizcleros y mastodontes. ¡A lo mejor hasta había tigres dientes de sable!

Detente Piensa Escribe

CONCLUSIONES Y GENERALIZACIONES

¿Cómo crees que era la zona donde vives hace un millar de años?

_____

_____

_____

Vuelve a leer y responde

1 ¿Qué opinión tiene el protagonista sobre el estudio de la historia local?

_____

_____

_____

Pista

Puedes encontrar pistas por todo el cuento.

2 ¿Qué fue lo que hizo que el protagonista reflexionara sobre cómo cambian los sitios?

_____

_____

_____

Pista

Busca pistas en la página 276.

3 ¿En qué se diferencia la zona de Rolling Hills hoy en día de cómo era hace doscientos años?

_____

_____

_____

Pista

Puedes encontrar pistas por todo el cuento.

4 Describe algunos cambios que hayan ocurrido en tu ciudad o en tu vecindario.

_____

_____

_____

Pista

Piensa en los cambios que ha sufrido Rolling Hills.

¡Hazte un detective de la lectura!

Vuelve a

3,000 días de colegio

1 **"Daniel no es bueno en matemáticas".**
¿Qué hechos apoyan esta opinión?

☐ Daniel debe asistir a clases de recuperación.

☐ A Daniel le gusta jugar al fútbol.

☐ Matías es el hijo del profesor de matemáticas.

"3,000 días de colegio"
Revista del estudiante,
págs. 28–35

¡Pruébalo! ¿Qué evidencia del cuento apoya tu respuesta?
Marca las casillas. ☑ Toma notas.

Evidencia	Notas
☐ hechos sobre el desempeño escolar de Daniel	
☐ enunciados de otros sobre Daniel	
☐ lo que dice Daniel sobre las matemáticas	

¡Escríbelo!

HECHO Y OPINIÓN

Responde a la pregunta 1 usando evidencia del texto.

_____

_____

_____

_____

_____

2 **¿Por qué el autor dice que las matemáticas están en todas las cosas de la vida?**

☐ para probar que las matemáticas son más importantes que las otras materias

☐ para que los lectores jóvenes se interesen por las matemáticas

☐ para mostrar que para jugar al fútbol hay que saber matemáticas

¡Pruébalo! ¿Qué evidencia del cuento apoya tu respuesta? Marca las casillas. ☑ Toma notas.

Evidencia	Notas
☐ detalles sobre lo que le ocurre a Daniel	
☐ detalles sobre lo que dice el profesor de matemáticas	
☐ detalles sobre lo que dice Matías	

¡Escríbelo!

PROPÓSITO DEL AUTOR

Responde a la pregunta 2 usando evidencia del texto.

_____

_____

_____

_____

_____

_____

_____

✓ **VOCABULARIO CLAVE**

**destino
eficaz
increíblemente
intuición
requerir**

Rumbo perdido

Nadie sabe realmente cómo los pájaros hallan la ruta que han de seguir cuando migran. Sea cual sea su método, es muy

1 _____. Los pájaros poseen una **2** _____ que les permite viajar miles de millas y acabar exactamente en el mismo punto que el año anterior.

Las migraciones de las aves tienen lugar al mismo tiempo que las tormentas y los huracanes de otoño. Los pájaros van con rumbo a un

3 _____ concreto, pero el viento puede desviarlos de su curso.

El esfuerzo que se 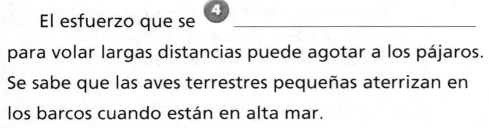 _____

para volar largas distancias puede agotar a los pájaros.
Se sabe que las aves terrestres pequeñas aterrizan en
los barcos cuando están en alta mar.

En otoño de 2008, unos observadores de aves
escoceses fotografiaron un ave pequeña procedente
de Estados Unidos, el verderón de ojos rojos. Había
viajado 3,000 millas. Se trata de un viaje
5 _____ largo para un pájaro

tan pequeño.

Los científicos que estudian los pájaros han
descubierto cosas nuevas sobre las poblaciones de
aves. Creen que muchas de las colonias de pájaros que
hay en islas remotas son el resultado de pájaros que se
han desviado de su ruta.

Contando pájaros

por Mia Lewis

Un grupo de estudiantes se encuentra en Matagorda Island, parte del Refugio Nacional de Vida Salvaje de Aransas. Han llegado a su **destino** por la mañana. Están ahí para divertirse y también para realizar una tarea.

—Van a ayudarnos a contar aves —dice la guarda forestal Lucía.

—Se dividirán en tres equipos para trabajar: rojo, verde y azul —dice el guarda forestal Mark—. Su trabajo consiste en identificar y contar diferentes tipos de aves. Cada equipo tendrá una guía con el nombre y la fotografía de muchos pájaros.

Detente   Piensa   Escribe

CAUSA Y EFECTO

¿Por qué han ido los estudiantes a la reserva natural?

_____

_____

_____

—Se cuenta de una manera especial —dice Lucía—. Solo tienen que anotar el grupo con el mayor número de pájaros. Por ejemplo, supongamos que ven un grupo de tres gorriones. Lo anotan. Más tarde ven un grupo de cinco gorriones. Lo anotan. Luego ven un grupo de dos gorriones. No lo anotan porque antes ya han visto un grupo más numeroso.

Mark añade:

—En su libro de registros pondrían *Gorriones: 3, 5. Conteo más alto = 5.* En el conteo final solo iría el 5. De esa manera se aseguran de que no han contado los mismos pájaros más de una vez.

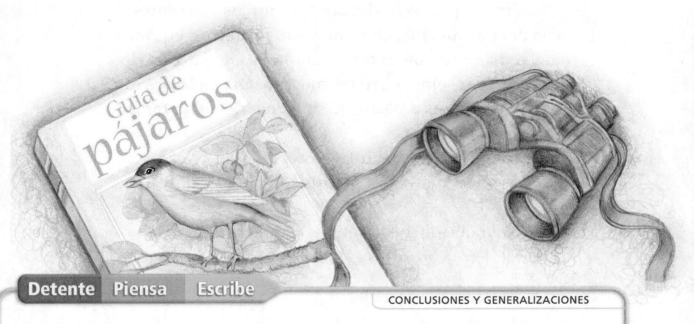

Detente Piensa Escribe

CONCLUSIONES Y GENERALIZACIONES

¿Por qué los equipos no deben anotar un grupo de dos gorriones después de haber anotado un grupo de cinco?

_____

_____

_____

—¿Lo han entendido? —pregunta Mark—. ¡Perfecto! En marcha. Nos encontraremos dentro de una hora.

Los tres equipos se despliegan por las diferentes áreas del parque. Joe, Darlene y Bill forman el equipo rojo. Lo primero que hacen es sentarse con su guía de aves. Leen consejos sobre las maneras más **eficaces** de identificar pájaros a partir de su forma de volar, tamaño, color y canto.

—Yo tengo bastante **intuición** para identificar pájaros —dice Joe—. Mis padres son observadores de aves.

—¡Genial! —dice Darlene—. Vamos allá.

Detente Piensa Escribe

PERSUASIÓN

¿Qué argumento usa Joe para persuadir a sus compañeros de que sabe identificar los pájaros?

_____

_____

_____

Emma, Josh y Tia forman el equipo azul. Empiezan a contar sin mirar la guía. Al cabo de poco rato ven unos pájaros.

—¡Miren esos pájaros amarillos pequeños! —dice Emma.

—¿Alguien sabe qué son? —pregunta Tia.

—Yo no —dice Josh—. Ese amarillo es **increíblemente** brillante. Veamos si están en el libro.

—Miren este dibujo —dice Tia—. Creo que son jilgueros amarillos.

—Estoy de acuerdo —dice Emma—. ¡Rápido! Contemos cuántos hay antes de que se echen a volar. Uno, dos, tres…

Detente   Piensa   Escribe

VOCABULARIO

¿Cómo describirías un amarillo <u>increíblemente</u> brillante?

_____

_____

_____

El equipo verde se dirige hacia el agua. Sam, Beth y Alec se detienen cuando escuchan un graznido. Se giran para ver qué es y encuentran un pájaro enorme en el agua.

—¡Uau! —dice Alec—. ¡Miren ese pájaro gigantesco! Debe ser tan alto como una persona.

—Miren en la guía —dice Sam—. A ver qué es.

—¡Es una grulla blanca! —dice Beth.

—Creo que tienes razón —dice Sam—. Es casi todo blanco, como el pájaro del dibujo. Y tiene la misma mancha negra y roja en la cabeza.

Detente Piensa Escribe

CAUSA Y EFECTO

¿Cómo identifica el equipo verde a la grulla?

_____

_____

_____

La guía dice que la grulla blanca mide casi cinco pies —dice Beth—. Y tiene una envergadura de siete pies.

—Viajan por parejas o en familia —dice Sam.

—Miren esto —dice Alec señalando la página del libro—. Es una especie en peligro de extinción. Están en apuros.

—Por eso se **requieren** refugios como este. Las grullas los necesitan para poder regresar —dice Beth—. Vamos, chicos, a ver si encontramos al resto de la familia.

Detente **Piensa** **Escribe**

VOCABULARIO

Escribe un sinónimo de <u>se requieren</u>.

_____

La hora pasa muy rápido. Los equipos se reúnen con los guardas forestales.

—Nosotros hemos visto dos codornices —dice Joe en nombre del equipo rojo.

—El equipo azul ha visto cuatro jilgueros amarillos —dice Emma.

—Nosotros hemos visto cinco grullas blancas —dice Alec—. ¡Ha ganado el equipo verde!

—Sí —dice la guarda forestal Lucía—. Toda la información que han recopilado es útil. Ayudará a los científicos a comprender cómo se adaptan los pájaros a su entorno.

—¡Buen trabajo todos! —dice el guarda forestal Mark—. ¡Vuelvan el año que viene a ayudarnos a contar de nuevo!

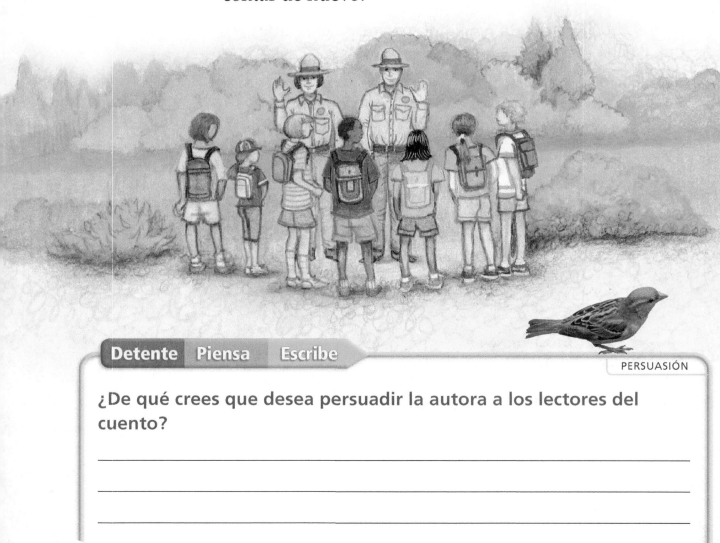

Detente   Piensa   Escribe

PERSUASIÓN

¿De qué crees que desea persuadir la autora a los lectores del cuento?

_____

_____

_____

Vuelve a leer y responde

1 ¿De qué manera una guía de pájaros puede ayudarte a identificar pájaros?

_____

_____

_____

Pista

Busca pistas en la página 286.

2 ¿Qué información incluye la autora para persuadir a los lectores de que son importantes las reservas naturales?

_____

_____

_____

Pista

Busca pistas en la página 289.

3 ¿Qué motivo pueden tener los guardas para dividir a los estudiantes en tres equipos?

_____

_____

_____

Pista

Piensa en el trabajo que van a hacer los estudiantes.

4 ¿Resulta un éxito la visita a la reserva natural?

_____

_____

_____

Pista

Mira en las páginas primera y última del cuento.

¡Hazte un detective de la lectura!

Vuelve a

"Viaje al Cuzco"
Revista del estudiante,
págs. 44–45

1 **¿Qué puedes decir sobre los incas después de leer el cuento?**

☐ Los incas eran grandes navegantes.

☐ Los incas eran grandes agricultores.

☐ Los incas usaban monedas de oro.

¡Pruébalo! ¿Qué evidencia del cuento apoya tu respuesta?
Marca las casillas. ☑ Toma notas.

Evidencia	Notas
☐ detalles sobre el imperio inca	
☐ detalles sobre el origen de los incas	
☐ las fotografías	

¡Escríbelo!

CONCLUSIONES Y GENERALIZACIONES

Responde a la pregunta **1** usando evidencia del texto.

_____

_____

_____

_____

_____

_____

_____

2 ¿Qué suceso ocurrió último?

☐ Los viajeros recibieron un bastón de oro.

☐ Los viajeros llegaron a un valle hermoso.

☐ Los viajeros recorrieron la cordillera de los Andes.

¡Pruébalo! ¿Qué evidencia del cuento apoya tu respuesta?
Marca las casillas. ☑ Toma notas.

Evidencia	Notas
☐ el orden de los sucesos en el cuento	
☐ palabras distintivas	

¡Escríbelo!

SECUENCIA DE SUCESOS

Responde a la pregunta 2 usando evidencia del texto.

_____

_____

_____

_____

_____

_____

_____

extenderse
indudablemente
reseco
razonar
ritmo

Descubriendo el pasado

Nuestro plan consistía en buscar indicios de una civilización antigua. En el lugar de la búsqueda había montículos de tierra que **se extendían** por un área muy grande. Había montículos repartidos por todo el camino que iba desde el río hasta la base de un acantilado.

Indudablemente, había algo bajo esos montículos. Empezamos a excavar en el suelo **reseco**. Íbamos a un **ritmo** lento. No queríamos dañar lo que pudiese haber allí.

Al cabo de un rato nos dimos cuenta de que habíamos subestimado lo importante que podía llegar a ser nuestro descubrimiento. Pensábamos que encontraríamos algunos botes viejos o algunas monedas. ¡Y lo que descubrimos fueron los restos de un poblado entero!

El poblado estaba completamente cubierto por capas de tierra. A partir de los objetos que encontramos, **razonamos** que el poblado debía tener ¡miles de años! Decidimos llamar a otros expertos para que nos ayudasen a inspeccionar mejor la zona.

1 El equipo excavó a un _____
   lento para no dañar nada.

2 Basándose en lo que hallaron, el equipo
   _____ que el poblado tenía miles
   de años de antigüedad.

3 Había montículos de tierra que
   _____ por un área que iba desde
   el río hasta el acantilado.

4 Habla sobre algo que <u>indudablemente</u> ocurrirá
   mañana.

   _____

   _____

   _____

5 ¿Por qué razones un suelo puede estar <u>reseco</u>?
   Explica.

   _____

   _____

   _____

Stonehenge: un enigma

por Mia Lewis

     Stonehenge es un círculo formado por piedras altas. Se encuentra a unas 80 millas al oeste de Londres, en Inglaterra. Durante miles de años, este círculo de piedras ha fascinado a la gente. Hay muchos círculos de piedra por toda Europa. Sin embargo, este es el más famoso.

     La gente estudia Stonehenge. Escribe sobre él. Habla sobre él. Los expertos tienen algunas teorías sobre quién lo construyó. Aun así, nadie sabe realmente quién lo hizo, ni por qué.

Detente **Piensa** **Escribe**

CAUSA Y EFECTO

¿Por qué las personas estudian, escriben y hablan sobre Stonehenge?

_____

_____

_____

Descubriendo datos

Los arqueólogos intentan averiguar la antigüedad de las ruinas **resecas**. Excavan con mucho cuidado. Inspeccionan las herramientas que usaron los constructores. Si las herramientas están hechas de piedra o de hueso, lo más probable es que los constructores trabajasen antes de que se usase el metal.

A medida que excavan, los arqueólogos buscan materiales que en su día formasen parte de seres vivos. Buscan madera o hueso. Estos materiales pueden ser analizados para conocer su antigüedad. Las excavaciones y los análisis les han permitido a los científicos calcular la fecha en que se construyó Stonehenge. ¡Fue hace mucho tiempo!

Detente   Piensa   Escribe

CAUSA Y EFECTO

¿Por qué los arqueólogos buscan madera o hueso?

_____

_____

_____

Tres fases

Las piedras de Stonehenge no presentan el aspecto que tenían en su día. Muchas de ellas han desaparecido. Otras han caído. Las que quedan revelan muchas cosas. Muestran que Stonehenge fue planificado cuidadosamente y construido a un **ritmo** muy lento. Se construyó a lo largo de un período muy extenso de tiempo.

Las piedras se colocaron en tres fases. Las fases están separadas por muchos años. A menudo se les llama Stonehenge I, Stonehenge II y Stonehenge III. Cada fase fue diferente.

Detente   Piensa   Escribe

VOCABULARIO

Escribe un sinónimo de ritmo.

_____

Stonehenge I

Mucha gente subestimó la antigüedad de Stonehenge. Los arqueólogos ahora creen que los trabajadores empezaron a construirlo alrededor del año 3100 a. de C. Es decir, ¡hace más de 5,000 años! Empezaron cavando una zanja circular. La zanja, que **se extendía** unos veinte pies de lado a lado, tenía unos seis pies de profundidad.

Los trabajadores cavaron cincuenta y seis hoyos en la parte de dentro de la zanja. Rellenaron los hoyos con tierra. Nadie está seguro de cuál era el propósito de esos hoyos.

Detente Piensa Escribe

IDEA PRINCIPAL Y DETALLES

Da tres detalles sobre la primera fase de construcción en Stonehenge.

_____

_____

_____

Stonehenge II

La segunda fase de construcción tuvo lugar alrededor del 2100 a. de C. Los trabajadores pusieron unas ochenta rocas en el centro del lugar. Estas rocas se llaman piedras azules a causa de su color.

Las piedras azules son las rocas más pequeñas de Stonehenge. Aun así, cada una pesa varias toneladas. Probablemente provenían de algunas montañas de Gales, a unas 240 millas de distancia. En aquel entonces no había carretas con ruedas. Tal vez fueron transportadas a través del agua. O es posible que los trabajadores usaran troncos para arrastrar las piedras por tierra. Nadie está seguro.

Detente Piensa Escribe

INFERIR Y PREDECIR

¿De qué manera el uso de carretas con ruedas pudo haber facilitado el traslado de piedras?

_____

_____

_____

Stonehenge III

Los bloques de piedra más grandes se añadieron a Stonehenge entre 2000 a. de C. y 1500 a. de C. Los trabajadores construyeron un círculo de piedras verticales y pusieron un anillo de piedras planas encima. Había una piedra plana que coronaba cada pareja de piedras verticales. Nadie sabe exactamente cómo los trabajadores consiguieron levantar unas piedras tan pesadas.

En el pasado más reciente, algunas personas se llevaron piedras de Stonehenge para construir casas. Actualmente, la mitad de las piedras han caído o han desaparecido. Aun así, Stonehenge proporciona una vista impresionante.

Detente   Piensa   Escribe

CAUSA Y EFECTO

¿Cuál es una causa de que hayan desaparecido muchas piedras?

_____

_____

_____

Más interrogantes

Los científicos han **razonado** que Stonehenge fue muy importante en su época. Eran necesarios muchos trabajadores para transportar las piedras. Y se necesitaban muchos más para tallar las piedras y ponerlas arriba. Se añadieron nuevas rocas a lo largo de un período de mil quinientos años.

Es posible que esta construcción estuviese destinada a eventos religiosos importantes. Pero nuevamente, nadie lo sabe con seguridad. **Indudablemente**, a la gente se le seguirán ocurriendo teorías sobre Stonehenge. Mi pronóstico es que este círculo de piedras seguirá siendo un enigma.

Detente   Piensa   Escribe

VOCABULARIO

Escribe una cosa sobre Stonehenge que <u>indudablemente</u> sea cierta.

_____

_____

_____

Vuelve a leer y responde

1 ¿Cuánto hace que se empezó a construir en Stonehenge?

_____

_____

_____

Pista

Busca una pista en la página 297.

2 ¿Por qué recibieron su nombre las piedras azules?

_____

_____

_____

Pista

Busca una pista en la página 298.

3 ¿Cómo saben los científicos que Stonehenge no es una construcción ordinaria?

_____

_____

_____

Pista

Busca pistas en la página 300.

4 ¿Cuál es la idea principal de esta lectura?

_____

_____

_____

Pista

Revisa toda la lectura.

¡Hazte un detective de la lectura!

"Un ataque de risa"
Revista del estudiante,
págs. 54–61

1 **¿Cuál es la idea principal del autor sobre la risa?**

☐ Reír es saludable y ayuda a vivir mejor.

☐ Además de los seres humanos, hay animales que ríen.

☐ Todas las personas ríen de manera diferente.

¡Pruébalo! ¿Qué evidencia de la selección apoya tu respuesta?
Marca las casillas. ✓ Toma notas.

Evidencia	Notas
☐ detalles sobre el mecanismo de la risa	
☐ detalles sobre los beneficios de reír	
☐ las fotografías	

¡Escríbelo!

IDEAS PRINCIPALES Y DETALLES

Responde a la pregunta **1** usando evidencia del texto.

_____

_____

_____

_____

_____

_____

_____

_____

301A

2 **¿Cuál es la diferencia entre la risa de los varones y la risa de las niñas?**

☐ Las niñas ríen muy a menudo, los varones de vez en cuando.

☐ Las niñas ríen cuando están nerviosas, los varones ríen de cosas ridículas.

☐ Las niñas ríen de manera cantarina, los varones parecen gruñir.

¡Pruébalo! ¿Qué evidencia de la selección apoya tu respuesta? Marca las casillas. ☑ Toma notas.

Evidencia	Notas
☐ información sobre la risa	
☐ detalles sobre la risa de los varones	
☐ detalles sobre la risa de las niñas	

¡Escríbelo!

COMPARAR Y CONTRASTAR

Responde a la pregunta **2** **usando evidencia del texto.**

_____
_____
_____
_____
_____
_____
_____
_____

301B

Estrategia de resumir

Cuando **resumes**, vuelves a contar brevemente las ideas importantes de un texto.

• Usa tus propias palabras.

• Organiza las ideas en un orden que tenga sentido.

• No cambies el significado del texto.

• Haz tu resumen corto. Usa solo unas cuantas oraciones.

Cuando **parafraseas**, repites las palabras del autor de una manera nueva. Una paráfrasis puede tener la misma extensión que el texto original.

• Usa sinónimos.

• Cambia el orden de las palabras en una oración.

• Combina oraciones. Une las ideas relacionadas.

Estrategia de analizar/ evaluar

Puedes **analizar** y **evaluar** un texto. Estudia el texto cuidadosamente. Luego opina sobre el mismo.

1. Analiza el texto. Mira las ideas. Piensa en lo que te dice el autor.

   - ¿Qué hechos y detalles son importantes?

   - ¿Cómo están organizadas las ideas?

   - ¿Qué quiere el autor que tú sepas?

2. Evalúa el texto. Decide lo que es importante. Luego da tu opinión.

   - ¿Qué piensas sobre lo que has leído?

   - ¿Estás de acuerdo con las ideas del autor?

   - ¿Consiguió el autor alcanzar sus objetivos?

Estrategia de inferir/predecir

Puedes hacer una **inferencia**. Averigua lo que el autor no te dice en el texto.

• Piensa en las pistas del texto.

• Piensa en lo que ya sabes.

Puedes hacer una **predicción**. Usa pistas del texto para averiguar lo que pasará después.

Estrategia de verificar/aclarar

Puedes **verificar** lo que lees. Presta atención a cuánto entiendes del texto.

Si has leído una parte que no tiene sentido, busca una manera de **aclararla**. Aclara lo que no entiendes.

• Usa lo que ya sabes.

• Vuelve a leer o sigue leyendo. Busca pistas en el texto.

• Lee más despacio.

• Haz preguntas sobre el texto.

Estrategia de preguntar

Hazte **preguntas** antes, durante y después de tu lectura. Busca las respuestas.

Algunas preguntas que te puedes hacer:

- ¿Qué quiere decir el autor aquí?

- ¿Sobre qué o quién es este texto?

- ¿Por qué sucedió esto?

- ¿Cuál es la idea principal?

- ¿Cómo funciona esto?

Estrategia de visualizar

Puedes **visualizar** mientras lees. Usa los detalles del texto para crear imágenes mentales.

- Usa las palabras del autor y tu propio conocimiento como ayuda.

- Crea imágenes mentales de gente, lugares, cosas, acciones e ideas.

PHOTO CREDITS